F. Schubert

Wegweiser in der Musikliteratur für Pianofortespieler

Nach geordneter Schwierigkeitsfolge

F. Schubert

Wegweiser in der Musikliteratur für Pianofortespieler
Nach geordneter Schwierigkeitsfolge

ISBN/EAN: 9783743429536

Hergestellt in Europa, USA, Kanada, Australien, Japan

Cover: Foto ©Thomas Meinert / pixelio.de

Manufactured and distributed by brebook publishing software (www.brebook.com)

F. Schubert

Wegweiser in der Musikliteratur für Pianofortespieler

Wegweiser
in der Musikliteratur
für Pianofortespieler

nach geordneter Schwierigkeitsfolge.

Herausgegeben

von

F. Schubert.

Zweite, verbesserte und vermehrte Auflage.

Leipzig,
Verlag von E. Wengler.
1861.

Der Verfasser vorliegenden Werkchens hat bei der Bearbeitung desselben den doppelten Zweck im Auge gehabt: dem Lehrer und dem Schüler in der Kunst des Klavierspielens die Bekanntschaft der betreffenden Literatur zu vermitteln und zu erleichtern, und Andeutungen bei zu treffender Wahl der Musikstücke zu geben. Es bedarf wohl kaum der Erwähnung, dass bei Aufstellung des nachfolgenden Verzeichnisses unpartheiische Beurtheilung und Ordnen nach dem Grade der Sehwierigkeit leidende Principien gewesen sind. Ausserdem hat sich der Verfasser bemüht, solche Compositionen in Vorschlag zu bringen, die neben der Ausbildung in der trockenen Technik durch Reiz und Anmuth die Lust des Schülers erhöhen und den Sinn für gute Musik wecken.

Für Diejenigen nun, welche die schöne Kunst des Klavierspielens erlernen wollen, ohne nutzlos Zeit und Mühe darauf zu verwenden, ist unser Wegweiser aufgestellt. Er zeigt die Bahn, welche direct zum Ziele führt, sucht die sich darbietenden Schwierigkeiten leicht zu beseitigen und verbindet das Nützliche mit dem Angenehmen.

Wir haben vier Hauptstadien, und in jedem derselben wiederum zwei Grade angenommen, die von der Schwierigkeit der Technik bedingt sind. Es bleibt dem individuellen Ermessen überlassen, hier die Auswahl zu treffen. Grosse und kleine Hände des Schülers finden dabei Berücksichtigung.

Nennen wir nun zunächst die Verfasser der bewährtesten Pianoforteschulen. Sie sind:

L. Adam, Clementi, Cramer, Dussek, Bertini, Hummel, Herz, Hünten, Löwe, A. E. Müller, Moscheles und Fetis, Jacob, Schmitt u. andere.

Von diesen Autoren sind erschienen:

Cramers, J. B., „praktische Pianoforteschule" existirt in vielen Ausgaben, unter denen eine von J. Knorr neu bearbeitet. (Leipzig bei Breitkopf u. Härtel.) Bei Schuberth u. Comp., Leipzig u. New-York unter dem Titel: „Pianoforteschule für Anfänger. Mit 129 progressiven Uebungen. Andere Ausgaben sind in Leipzig bei Peters, auch bei Kahnt daselbst erschienen. Ueberhaupt hat die Cramersche Schule wohl jeder bedeutende Musikverleger gebracht, und mit neuen, der Zeit angemessenen Zusätzen und Verbesserungen versehen.

Müller, A. E., grosse Pianoforteschule nach den Fortschritten der Kunst neu bearbeitet von J. Knorr. (Leipzig bei Peters.)

Schmitt, Jacob, praktische Schule des Pianofortespiels, eine fassliche Anleitung, Schüler gründlich und schnell zu bilden in 3 Hauptabtheilungen (Leipzig, bei Schuberth u. Comp.)

Clementi, M., Einleitung in die Kunst, das Pianoforte zu spielen. Enthaltend die Anfangsgründe der Musik, die nöthigen Begriffe zur Fingersetzung und 50 Lectionen zur Uebung. (Leipzig, Peters.)

Müller, A. E., Kleines Elementarbuch für Clavierspieler. Mit Zusätzen von C. Czerny. (Leipzig, Peters.)

Adam, L., Pianoforteschule des Conservatoriums der Musik in Paris. 1. Theil. Theorie. 2. Theil enthält 50 Uebungsstücke von fortschreitender Schwierigkeit. 3. Theil enthält eine Auswahl grösserer Uebungsstücke von Rabbi, J. S. Bach, Clementi, Händel u. a. mit Fingersatz. (Leipzig, Breitkopf u. Härtel.)

Wohlfahrt, H., Kinderklavierschule oder musikalisches A B C-Buch für junge Pianofortespieler. (Leipzig, Breitkopf u. Härtel.)

Berg, C., Ideen zu einer rationellen Lehrmethode für Musiklehrer überhaupt mit besonderer Rücksicht auf das Clavierspiel. (Mainz, Schott.)

Hummel, J. N., Grosse Pianoforteschule (nach den Fortschritten der Kunst). In 4 Bänden. (Wien, Haslinger.)

Dussek, J. L., Pianoforteschule. Neue Ausgabe. (Leipzig, Breitkopf u. Härtel.)

H. Bertini u. Romagnesi, Praktische Pianoforteschule nach Jacotot's Grundsätzen. Eine Vorschule zu Kalkbrenners Pianoforteschule. (Berlin, Gaillard u. Comp.)

Hünten, F., Klavierschule. Op. 60. (Mainz, Schott.)

Kalkbrenner, F., Anweisung das Pianoforte mit Hülfe des Handleiters spielen zu lernen; enthaltend: die Grundregeln der Musik; ein vollständiges System des Fingersatzes; Regeln über den Vortrag, über die musikalischen Bezeichnungen, über das Studium und die Klassification der Werke berühmter Komponisten; ferner eine Uebung für drei Finger, eine Toccata, eine vierstimmige Fuge für die linke Hand allein und verschiedene Uebungen in Terzen, Sexten und Oktaven. (Allen Conservatorien der Musik in Europa gewidmet.) (Leipzig, Kistner.)

Moscheles und **Fetis**, Methode der Methoden. Abth. 1. Die vollständige Schule für das Pianoforte, oder die Kunst des Klavierspiels, als Resultat einer genauen Prüfung der besten Werke dieser Gattung, insbesondere der Lehrbücher von P. E. Bach, Marpurg, Türk, Müller, Dussek, Clementi, Schmitt, Czerny, Adam, Hummel und Kalkbrenner. Abth. 2. Anfangsübungen und fortschreitende Etuden von Moscheles, Czerny, Cramer, Scarlatti, Bach. Abth. 3. 20 Etuden für Spieler höherer Ausbildung ausdrücklich für diese Schule componirt von Chopin, Döhler, Heller, Hen-

selt, Liszt, Mendelssohn-Bartholdy,
Moscheles, Rosenhain, Wolf, Taubert
und Thalberg. (Berlin. Schlesinger.)
Krug, D., Schule der Tecknik. 1. Abth. 90 Fingerübungen mit stillstehender Hand und mit gehaltenen Noten, Terzen und Sextenübungen. (Leipzig, Schuberth u. Comp.)
Köhler, Louis, Kinderklavierschule in fasslicher und fördender theoretisch-praktischen Anleitung nebst vielen Originalstücken. (Leipzig, Siegel.)
Bertini, H. Vollständige Pianoforteschule im Pianofortespiel, vom ersten Unterricht bis zur höchsten Ausbildung fortschreitend. (Mainz, Schott.)
Burgmüller, Fr., Praktische Anweisung für die ersten Anfänger im Klavierspiel. (Bonn, Simrock.) Von demselben: Der erste Lehrmeister im Klavierunterricht. (Mainz, Schott.)
Czerny, C., Neue praktisch-systematisch geordnete Klavierschule für die Jugend. 100 Uebungsstücke in fortschreitender Ordnung und mit Bezeichnung des Fingersatzes. (Wien, Haslinger.) Von demselben: Vollständige theoretisch-praktische Pianoforteschule von dem ersten Anfange bis zur höchsten Ausbildung fortschreitend mit zahlreichen Beispielen. Op. 500 in 3 Theilen. (Wien, Spina.)
Hering, C. G., Neue praktische Klavierschule für Kinder. (Leipzig, Fleischer.)
Logier, System der Musikwissenschaft. Anleitung zum Pianofortespiel. In 4 Abth. (Berlin, Logier.)

Pleyel, Klavierschule, neu geordnet und mit Uebungsstücken vermehrt von C. Czerny. (Wien, Spina.)

Steibelt, Petite Methode de Pianoforte. (Hamburg, Böhme.)

Zöllner, C. H., Pianoforteschule, mit besonderer Berücksichtigung der Lehrbücher und Uebungen von Clementi, Cramer, Herz und anderen. (Hamburg, Cranz.)

Pohle, C. F., Leipziger Pianoforteschule für Kinder, welche praktisch anfangen und methodisch fortschreiten wollen. (Leipzig, Peters.).

Bisping, Klavierschule des Münsterschen Musikinstituts. (Münster, Theissing.)

Knorr, J., Ausführliche Klavier-Methode in 2 Theilen. 1. Theil. Methode. 2. Theil. Mechanik. (Leipzig, Kahnt.)

Eggeling, Vorschule zu der neuen Methode des Klavierspiels für die früheste Jugend. (Leipzig, Breitkopf u. Härtel.)

—— Neue Methode des Clavierspiels, für die früheste Jugend. (Ebendas.)

—— Anweisung und Studien zu einer gründlichen und schnellen Ausbildung im Klavierspiel nach J. S. Bach's Methode, für Anfänger und Geübte. (Ebendas.)

Wohlfahrt, H., Grössere und rein praktische Elementarschule mit über 400 Uebungsstücken, in methodischer Stufenfolge, zu gründlicher und schneller Ausbildung im Klavierspiel. (Ebendas.)

Ausser diesen Schulen giebt es noch viele andere Werke, welche hinlänglichen Stoff für den ersten Unterricht liefern als:

Knorr, J., Wegweiser für den Klavierschüler im ersten Stadium. (Leipzig, Breitkopf u. Härtel.) Man findet von diesen 100 Uebungsstücken wohl gegen 98 in der Clavierschule von Salomon Burghardt (Leipzig, Kahnt). Beide Werke sind daher fast ein und dasselbe. Jedenfalls sind aber diese Uebungsstücke beachtenswerth, weil sie kleine Volksmelodien enthalten und sonst ähnliche Werke für denselbeen Zweck in Bezug auf Melodie etwas trocken sind. An einer gewissen Trockenheit leiden auch die ersten Uebungsstücke auf 5 Tönen, daher man lieber die vierhändigen dieser Art im Umfange einer Quinte mit stillstehender Hand wählt, wo der Schüler die rechte oder Primo-Parthie und die linke Parthie „Secondo" dem Lehrer überlassen bleibt. Diese vierhändigen Stücke dienen besonders auch dazu, das Taktgefühl zu befestigen. Solche vierhändige Uebungsstücke sind erschienen von:

Diabelli, A., Uebungsstücke über 5 Noten bei stillstehender Hand. Op. 149. (Wien, Spina.) Von demselben: Jugendfreuden. 6 Sonatinen im Umfange von 5 Noten bei stillstehender Hand, um allen Fingern beider Hände gleiche Kraft und Unabhängigkeit zu verschaffen. (Wien, Spina.)

Enkhausen, Elementarunterricht im vierhändigen Pianofortespiel nach methodischer Stufenfolge unter Anwendung des richtigen Fingersatzes, Op. 58, 1. Heft. Kleine Uebungsstücke mit stillstehender Hand. 2. Heft. Uebungsstücke mit zufälligen Versetzungszeichen, im Umfange der natürlichen Lage der 5 Finger. (Hannover, Nagel.) In der neuesten Zeit lieferten auch A. Struve (Leipzig, Kistner) und A. Krause (Leipzig, Kahnt) ähnliche Werke. Noch andere Werke für den ersten Unterricht sind empfehlenswerth von:

Kullak, Th., Die Schule der Fingerübungen. Methodische Anleitung für Anfänger, praktisch dargestellt von E. D. Wagner. 2. Heft. Op. 61. (Berlin, Schlesinger.)

Mulder, L. A. B. C., du Piano. 25 Etudes mélodiques très faciles etc. 25 melodische und sehr leichte Etuden mit besonderer Rücksicht darauf componirt, schon bei den ersten Anfängern Sinn für Takt und Rythmus zu entwickeln. (Leipzig, Hofmeister.)

Hünten, F., Exercices progressifs à l'Usage des jeunes Eleves. Op. 80. (Mainz, Schott.)

Assmeyer, 25 Handstücke im leichten angenehmen Style. Op. 25. (Wien, Spina.)

Brunner, C. T., Musikalischer Jugendfreund. Eine Reihe von gefälligen Kindermelodien und leichten Uebungsstücken nach Opernmelodien und Liedern. Op. 206. (Schneeberg, Gödsche.)

Chwatal, Die dankbare Jugend. 20 melodische Tonstücke im Umfange von 5 Tönen. Op. 147. (Magdeburg, Heinrichshofen.)

- **Croisez,** 25 Etudes en Genre facile. Op. 120. (Leipzig, Hofmeister.)

Gallrein, Miniaturbilder. 12 kleine Stücke mit Vermeidung von Oktavenspannungen zur Aneignung eines guten Vortrags. Op. 6. (Magdeburg, Heinrichshofen.)

Hennig, Der kleine Pianofortespieler. Opern-, Volks- und Tanz-Melodien. Leitfaden für Lehrer und Lernende. Op. 47. (Berlin, Gaillard u. Comp.)

Hummel, J. N., Sammlung kleiner Figuren-Uebungen mit Fingersatz. Aus seiner grossen Clavierschule. (Offenbach, André.)

Brunner, C. T., Der kleine Pianoforteschüler. Eine praktische Clavierschule, enthaltend Vorübungen im Umfange von 5 Tönen, Tonleitern, Fingerübungen und kleine Stücke. Op. 246. 3 Hefte. (Hannover, Bachmann.)

Burkhardt, S., Etudes élégantes. 24 leichte und fortschreitende Uebungsstücke. Op. 70. 2 Hefte. (Leipzig, Kahnt.)

Chwatal, Melodische Uebungsstücke. Mit Benutzung der Volksmelodien, zum Gebrauch beim ersten Unterricht. 4 Hefte. (Magdeburg, Heinrichshofen.)

Schmitt, A., Methode des Clavierspiels. Sammlung von Tonstücken zur stufenweisen Ausbildung der Fingerfertigkeit. Op. 114. (Offenbach, André.)

Trube, Uebungsbuch für kleine Schüler. Eine geordnete Sammlung der leichtesten Uebungsstücke, nebst Vorübungen zum Gebrauch beim ersten Unterrichte. (Schneeberg, Gödsche.)

Diabelli, A., Musikalischer Blumengarten für die Jugend. Beliebte Melodien für kleine Hände. Op. 90. (Wien, Spina.)

Enkhausen, Des Pianofortespielers erste Studien. Leichte und melodische Stücke in zunehmend schwieriger Folge. 4 Hefte. Op. 63. (Hannover, Nagel.)

Köhler, L., Die ersten Etuden für jeden Clavierspieler als technische Grundlage der Virtuosität. Op. 50. (Leipzig, Senff.)

Engel, 60 melodische Uebungsstücke in 3 Heften. Op. 21. (Leipzig, Kahnt.)

Martin, H., 100 Recreations agreables et instructives choisées des Melodiées célèbres de Bellini, Donizetti. Mercadante, Ricci, Verdi etc. Cah. 1—4. (Hamburg. Niemeyer.)

Oesten, Th., Goldperlen. 25 kleine und sehr leichte Kinderstücke mit Fingersatz. Op. 94. (Bonn, Simrock.)

Köhler, L., Volkstänze aller Nationen der Erde als bildende Uebungs- und Unterhaltungsstücke in stufenweiser Folge, mit Fingersatz und Vortragszeichen. 3 Hefte. (Braunschweig, Litolf.)

Hartmann, J. P. E., Etudes instructives. Op. 53. (Copenhagen, Loose u. Delbanco.)

Plachy, 30 systematisch geordnete, melodische

Sätze zur Uebung im Notenlesen und im richtigen Fingersatze für Anfänger. Op. 92. (Wien, Spina.)

Schneider, Fr., Elementarübungen im Pianofortespiel, ein Hülfsmittel beim ersten Unterricht für Kinder. (Leipzig, Tauchnitz.)

Diabelli, A., Neuester musikalischer Jugendführer. Op. 126. Heft 1. Cdur und Amoll. Heft 2. Gdur und Emoll. Heft 3. Fdur und Dmoll. Heft 4. Ddur und Hmoll. Heft 5. 15 melodische Uebungsstücke durch alle Kreuz- und Be-Tonarten. (Wien, Spina.)

Dussek, 12 Leçons progressives, dans lesquelles se trouvent introduits des Airs caractérisés de differentes Nations. Op. 16. Liv. 1. 2. (Bonn, Simrock.)

Haydn, J., Sammlung leichter Klavierstücke. 2 Heft. (Leipzig, Peters.)

Burgmüller, Fr., 25 Etudes faciles et progressives expr. pour l'Etendue des petites Mains. (Mainz, Schott.)

Bertini, H., Choix d'Etudes progressives. Liv. 1. 2. (Leipzig, Siegel.)

Czerny, Ch., 100 Uebungsstücke. Op. 189. (Wien, Hasslinger.)

Bertini, 25 Etudes faciles composées principalement pour les jeunes Eleves dont les mains ne peuvent encore embrasser l'entendue de l'octave. Op. 100. (Leipzig, Siegel.)

Hünten, Fr., L'Utille et l'Agréable a l'usage des

jeunes Pianistes contenant deux petites Etudes et six petites Morceaux. (Leipzig, Breitkopf u. Härtel.)

Duvernoy, J. B., 24 Etudes mélodiques, faciles et doigtées pour les petites mains. Liv. 1. 2. (Ebend.)

—— Ecole de Mécanisme. 15 Etudes composées expressement pour précéder celles de la Vélocité de C. Czerny. (Ebend.)

Kalkbrenner, Fr., Etudes faciles et progressives, calculées pour donner de l'indépendance aux doigts. Op. 169. Cah. 1. 2. (Ebend.)

Le Couppey, Das Alphabet, 25 sehr leichte Etuden für kleine Hände (ohne Oktaven) zugleich als Ergänzung der Schule für Anfänger. Op. 17. (Ebend.)

Mulder, Praktische Schule für junge Pianisten. In 6 Heften. (Ebend.)

Wohlfahrt, H., Der Klavierfreund. Ein progressiver Klavierunterricht, für Kinder berechnet und nach den methodischen Grundsätzen seiner Kinderklavierschule bearbeitet. (Ebend.)

Köhler, L., Mechanische und technische Klavierstudien, als tägliche Uebungen für jede Bildungsstufe. Op. 70. (Ebend.)

—— Sechs leichte Clavieretuden zum Unterricht. Op. 67. (Leipzig, Kistner.)

Le Couppey, A, B, C des Pianoforte. Schule für Anfänger. (Leipzig, Breitkopf und Härtel.)

Czerny, C., Erster Klavierunterricht in 100 Erholungen. Cah. 1—4. Op. 585. (Bonn, Simrock.)

Es versteht sich wohl von selbst, dass der Lehrer die zahlreichen Nummern einer Schule oder eines Etudenwerks für das erste Stadium des Klavierspiels nicht vollständig nach einander einstudire, sondern er wähle sich zur Abwechselung, nachdem er verschiedene Uebungsstücke verwendet, von den unten angegebenen Werken, z. B. eine kleine Sonate, ein Rondo oder Variationen eines andern Komponisten, die für die Fähigkeit des Schülers passen, um ihm die Trockenheit mancher Fingerübung zu versüssen; dann wird der Schüler mit erneuter Lust zu den Etuden zurückkehren und da fortfahren, wo er die letzten verlassen hat und an jene gehen, die der fortschreitenden Schwierigkeit gewidmet sind. Bei diesen Uebungen für das erste Stadium sind gewöhnlich die letzten Nummern derselben der Uebergang in das sogenannte zweite Stadium, gehören sozusagen schon dazu.

Es liegt auch hier nicht die Absicht, dem Schüler zuzumuthen, dass er die unten angezogenen Werke alle durchspielen müsse, sondern der Lehrer mag selbst wählen, was ihm für die Kräfte des Schülers am zweckmässigsten scheint. Auch ist die Anzahl der Werke, welche hier angeführt werden, zur Auswahl für Diejenigen bestimmt, welche ohne Lehrer (nachdem sie vielleicht nicht vieljährigen Unterricht genossen) sich weiter forthelfen wollen und sich an schwierigere Sachen noch nicht wagen können. Es folgen daher eine Anzahl Werke sowohl zum Studium als zur Unterhaltung für das erste Stadium.

Zweihändig.

Knorr, J., Musikalische Chrestomatie aus Mozart, Haydn, Clementi und Cramer für Anfänger auf dem Pianoforte, in Ordnung vom Leichteren zum Schwerern, sowie mit Anmerkungen und Fingersatz. 4 Hefte. (Leipzig, Kahnt.)

Diabelli, A., 2 Sonatinen. Op. 24. (Wien, Spina.)

Köhler, L., Sonatine für den Clavierunterricht. (Leipzig, Kahnt.)

Schmitt, J., Sonatine in A. (Leipzig, Schuberth u. Co.)

Clementi, 6 leichte Sonaten mit Fingersatz. (Leipzig, Breitkopf u. Härtel.)

Hünten, Fr., 4 Rondeux faciles. Op. 30. (Leipzig, Hofmeister.)

Dussek, 2 Sonates faciles. Op. 47. (Leipzig, Breitkopf u. Härtel.)

Kuhlau, Variationen über österreichische Volksländler. Op. 42. (Hamburg, Cranz.)

Mühling, 6 kleine Sonaten zum Gebrauch beim Unterricht. Neue Ausgabe von J. Knorr. (Leipzig, Breitkopf u. Härtel.)

Leidesdorf, Choix des Compositions originales faciles et agreables. Nr. 1—5. (Leipzig, Hofmeister.)

Moscheles, Sonatine facile. Op. 6. (Ebend.)

Kuhlau, 6 Sonates progressives. Op. 55. (Hamburg, Cranz.)

Müller, A. E., Pieces instructives. (Leipzig, Peters.)

Mühling, 2 Sonatines. Op. 13. (Leipz., Hofmeister.)
Doppler, J. H., Volkslied aus Thüringen „Ach wie ist's möglich". Rondino. Op. 247. (Leipzig, Kistner.)
Diabelli, A., Sonatine. Op. 37. (Wien, Spina.)
Weber, C. M, v., Petites Pieces. Cah. 1. 2. (Berlin, Schlesinger.)
Köhler, L., 3 Uebungssonatinen. (Leipzig, Siegel.)
Czerny, C., 2 Sonatines, faciles et brill. Op. 49. (Wien, Spina.)
Mozart, 12 leichte Klavierstücke. Gesammelt und mit Fingersatz. Liv. 1. 2. (Leipzig, Peters.)
Steibelt, 3 Divertissements faciles. Op. 28. (Ebend.)
Wanhall, 36 fortschreitende Klavierstücke mit 12 gefälligen Sonatinen. (Ebend.)
Pleyel, Drei leichte Klavierstücke. (Ebend.)
Chwatel, Jugendbilder. Vier leichte Tonstücke über beliebte Themas. (Leipzig, Siegel.)
Schubert, F. L., Melodienbuch. Leichte Stücke. (Arrangirte Opernmelodien für kleine Hände.) 4 Hefte. (Leipzig, Breitkopf u. Härtel.)
Klage, Rondoletto. Op. 5. (Berlin, Schlesinger.)
—— Leichte Sonatinen mit Fingersatz. Nr. 1—4. (Ebend.)
Kuhlau, Drei leichte Rondos über Opernmelodien. Op. 31. (Copenhagen, Lose u. Delbanco.)
—— 3 Sonates faciles et brill. Op. 46. (Hamburg, Cranz.)
—— 3 Sonates non difficiles mêlées de trois Thêmes. Op. 60. variés. (Ebend.)

Kuhlau, 3 leichte Rondos über beliebte Opernmelodien. Op. 73. 3 leichte Rondos. Op. 84. 4 Sonatines faciles et doigtées. Op. 88. (Hamburg, Cranz.)

Mulder, Les jeunes Patriotes. 2 Rondinos faciles et brill. Op. 6. Nr. 1. 2. (Cöln, Eck u. Comp.)

Beethoven, 2 Sonates faciles. (Bonn, Simrock.)

Clementi, 6 Variations faciles et agreables. (Ebd.)

Brunner, C. T., Album des jeunes Pianistes. 20 petits Morceaux faciles et progressives sur des Airs populaires allemands. Op. 266. (Mainz, Schott.)

Cramer, H., Deux Sonates faciles; Op. 111. (Offenbach, André.)

Flügel, Klein Roland. Senatine Nr. 7 mit Bezeichnung des Fingersatzes. Op. 54. (Leipzig, Merseburger.)

Köhler, L., 6 Rondos für den Unterricht. Op. 76. (Wien, Haslinger.)

Krause, A., Zwei instructive Sonaten. Op. 75. 76. (Winterthur, Rieder-Biedermann.)

Kretschmar, Mixpickles. Musikalische Juwelen aus alter und neuer Zeit, unter Berücksichtigung kleiner Hände. Op. 45. (Leipzig, Stoll.)

Krug, D., Le petit Répertoire de l'Opera pour jeunes Pianistes. Morceaux tres-faciles. Op. 63. (Leipzig, Schuberth u. Comp.)

Oesten, Th., Kinderalbum. 6 leichte Charakterstücke. Op. 150. (Berlin, J. Weiss.)

—— Der Operngarten. 4 leichte Tonstücke über die beliebtesten Opernmelodien. (Ebend.)

Brunner, C. T., Melodienbuch. Sammlung von Jugend- und Volksliedern mit Variationen im leichteten Style fortschreitend. Op. 244. 2 Hefte. (Leipzig, Merseburger.)

Burgmüller, Fr., Theaterbibliothek. Leichte Potpourris. Nr. 1—15. (Offenbach, André.)

Flügel, G., Leichte instruktive Variationen über das Volkslied: „Zu Strassburg auf der Schanz." Op. 37. (Leipzig, Merseburger.)

Haslinger, Musikalischer Festabend für die Klavier spielende Jugend. 6 kleine Charakterstücke. (Heiterer Sinn. Ernstere Gedanken. Die jugendliche Tänzerin. Abendklänge im Freien. Scherzo. Marsch.) Op. 97. (Wien, Haslinger.)

Horr, 6 leichte Sonatinen mit Fingersatz. Op. 25. (Offenbach, André.)

Lachner, Ign., 3 Sonates faciles et brill. Op. 41—43. Nr. 1—3. (München, Aibl.)

Czerny, C., Leichte Stücke. Op. 842. Nr. 1. 2. Nordstern. Nr. 3. Walzer. Nr. 4. Thema v. Flotow. Nr. 5. Donizetti, Linda. Nr. 6. Thema v. Mozart. (Offenbach, André.)

Grädener, Fliegende Blättchen im Kinderton. (Kindermarsch. Kindesbitten. Kindesliebkosen. Arabeske. Anderer Marsch. Zweiter Ländler. Stückchen. Kindestraum.) (Leipzig, Schuberth u. Co.)

Weiss, J., Kleine Fantasien über italienische und deutsche Volkslieder, ohne Oktavenspannung mit Fingersatz. Nr. 1. „An Alexis send' ich dich."

Nr. 2. Neapolitanisches Volkslied. Nr. 3. Baiersches Volkslied. Nr. 4. Matrosenlied. Nr.5. „Vien qua Dorina bella." Nr. 6. Neapolitanisches Lied. Op. 29. (Berlin, Guttentag.)
Weiss, J., Blumenlese für angehende Pianisten. 2 Hefte. Op. 30. (Berlin, Challier u. Co.)
Martin, C., Deutsche Weisen. 6 leichte und gefällige Stücke. Op. 34. (Ebend.)
Abt, Fr., Aux jeunes Pianistes. Les prémieres Récréations 6 petits Morceaux. Nr. 1. Deutsches Volkslied. Nr. 2. Schwedisches Volkslied. Nr. 3. Romance d'Arnaud. Nr. 4. Thema aus Indra. Nr. 5. Annen-Polka von Strauss. Nr. 6. Lied von Jäger. Op. 112. (Offenbach, André.)
Baumfelder, Freundlich ermahnende Mutter. 3 leichte und heitere Klavierstücke. Nr. 1. Du musst dich täglich üben. Nr. 2. Betone recht, gieb Ausdruck zart und rein. Nr. 3. Spiel deutlich, nett und fest im Takt. Op. 7. (Leipzig, Klemm.)
Burghardt, S., 3 Rondeaux faciles, brillantes et doigtées sur des Themes favoris. Op. 7. Nr. 1. Bellini, Choeur de Gapuleti et Montecchi. Nr. 2. Meyerbeer, Ballade de Robert le Diable. Nr. 3. Choeur de Robert le Diable. (Leipzig, Klemm.)
Abt, Fr., 4 Rondinos faciles et caracteristiques. Nr. 1. Rondo grazioso. Nr. 2. Rondeau militaire. Nr. 3. Rondino-Polka. Nr.4. Rondino alla Turka. Op.116. (Braunschweig, Litolf.)
Croisez, Le Mois. 12 petits Morceaux tres-faciles. Op. 98. Liv. 1—4. (Leipzig, Hofmeister.)

Haslinger, 3 kleine Charakterstücke im leichten Style. Op. 105. (Wien, Haslinger.)

Oesten, Th., Tonblüthen. 16 kleine und leichte Kinderstücke mit Fingersatz. Heft 1. Der kleine Springinsfeld. Lied des alten Harfners. Bajazzo. Aus meinem Tagebuche. Die Studenten. Schmetterlinge im Sonnenscheine. Wie Bauern nach dem Dudelsacke tanzen. Indische Gaukler. Die Opernsängerin. Heft 2. Beim Pfänderspiel. Auf blumiger Au. Tyrolers Heimweh. Auf der Wanderschaft. Gretchens Lieblingslied. Die Spinnerin. Die Fliederlaube. Die Schnellpost. Krönungsmarsch. Op. 143. (Berlin, Schlesinger.)

Köhler, L., Gediegene Opernstücke in streng moderner Form, doch möglichst leichter Uebertragung, mit Fingersatz. Heft 1. Op. 31. (Aachen, E. ter Meer.)

Köhler, H., 12 Pièces faciles, instructives et agreables. Op. 41. (Bonn, Simrock.)

Küffner, 6 Sonatines faciles pour les Commençans. Op. 131. (Mainz, Schott.)

Köhler, H., 6 Sonatines faciles. Op. 85. (Ebend.)

Marschner, H., 3 Pièces faciles et agreables. Op. 77. (Leipzig, Hofmeister.)

Reissiger, C. G., Etrennes aux Elèves, 2 Sonates agréables. Op. 22. (Leipzig, Peters.)

Bach, C. P. E., 6 leichte Sonatinen. (Leipzig, Breitkopf u. Härtel.)

Czerny, C., Aneiferung zur musikalischen Bildung der Jugend, 6 leichte Sonatinen mit Fingersatz

in fortschreitender Ordnung, als unmittelbare Fortsetzung jeder Klapierschule. Op. 163. Nr. 1-6. (Wien, Spina.)
Dussek, 6 Sonatines Op. 20. Liv. 1. 2. (Leipzig, Breitkopf u. Härtel.)
—— 4 Sonates faciles. Op. 30. (Bonn, Simrock.)
Gelinek, 3 Rondoletti, trés-faciles. (Wien, Witzendorf.)
—— Sonatine faciles. Nr. 1. (Wien, Artaria.)
Haydn, J., 6 Variations faciles et agreables. (Bonn, Simrock.)
Hummel, 3 Pièces faciles. Op. 111. (Leipz., Peters.)
Kuhlau, 3 Sonatines. Op. 20. (Leipzig, Breitkopf u. Härtel.)
Brunner, Gentilleses. Elegante Kleinigkeiten. Auswahl leichter und gefälliger Tonstücke, theils bearbeitet, theils componirt. Op. 80. 4 Hefte. (Leipzig, Klemm.)
Burkhardt, S., 3 Rondeaux faciles, doigtées et progressifs. Op. 6. Nr. 1—3. (Ebend.)
—— 2 Airs allemands. Nr. 1. Variations (Himmel, An Alexis). Nr. 2. Rondoletto (Prock, le lor des Alpes.) (Ebend.)
Horwitz, Sehnsuchts - Variationen, zum Gebrauch für angehende Klavierspieler. (Ebend.)
Krug, D., Jugend-Album. Eine Sammlung der schönsten und beliebtesten Lieder, Opernthemas etc. leicht bearbeitet. Op. 115. (Leipzig, Siegel.)
Klauwell, Kinderfest. 17 zweihändige Stücke für Kinder. Heft 1. Auszugsmarsch. Spiel: „Thaler,

Thaler du musst wandern". Walzer. Polka. Liedchen. Spiel: „Fuchs du hast die Gans". Liedchen. Polka-Mazurka. Op. 13. (Leipzig, Kahnt.)
Wohlfahrt, H., Sonatinen-Kränzchen. Leichte und gefällige Sonaten mit bezeichnetem Fingersatz und Vortrag für seine jüngern Schüler. Nr. 1. (Ebend.)
—— Kinder-Sonaten mit genau bezeichnetem Fingersatz und Vortrag. Nr. 1—3. (Leipzig, Breitkopf u. Härtel.)
Köhler, L., Sonatine mit Fingersatz. Op. 33. (Leipzig, Kistner.)
Gurlitt, Sonate im leichteren Style. Op. 17. (Ebend.)
Krause, A., Uebungsstücke für Anfänger im Pianofortespiel. (Ebend.)
Czerny, C., 10 petits Rondeaux doigtés, ou amusements utiles et agreables pour la jeunesse. Nr. 1—10. Op. 316. (Bonn, Simrock.)
Oesten, Maiblümchen. 25 kleine und sehr leichte Kinderstücke. Heft 1—3. Op. 61. (Ebend.)

Vierhändig.

Beethoven, Polonaise tirée de l'Oeuvre. 12. (Wien, Haslinger.)
Dussek, 3 Sonates faciles et progressives. Op. 67. (Breitkopf u. Härtel.)
Burgmüller, Fr., Souvenir de Schönbrunn, grande Valse. Op. 32b. (Ebend.)
Duvernoy, 2 Airs suisses variées. Op. 34. (Ebend.)

Hünten, F., Les Debuts de Jeunesse. Op. 66. (Leipzig, Breitkopf u. Härtel.)
Mendelssohn-Bartholdy, Kinderstücke. Op. 72. (Ebend.)
Bertini, 25 Etudes musicales. Op. 93. (Leipzig, Siegel.)
Schmitt, J., 5 leichte iustructive Sonatinen. Op. 208. (Leipzig, Schuberth u. Co.)
Mozart, Sonate in D. Op. 3. Nr. 1. (Leipzig, Siegel.)
—— Sonate in B. Op. 3. Nr. 2. (Ebend.)
Kuhlau, 3 Sonatines. Op. 44. (Hamburg, Cranz.)
Czerny, C., Trois Rondeaux faciles, agreables et doigtées à l'Usage des Commençans avancés. Cah. 1. Op. 158. (Leipzig, Kistner.)
Kalkbrenner, Trois Pièces faciles. Op. 35b. (Ebend.)
Moscheles, Marche facile avec Trio. Op. 86a. (Ebd.)
Beyer, F., Revue melodique. Collection de petites. Fantaisies instructives sur des Motifs d'Operas favoris. Op. 112. (Mainz, Schott.)
Chwatal, Volksmelodien mit instructiven Variationen. Op. 102. (Magdeburg, Heinrichshofen.)
Weber, C. M., 6 Pièces faciles. Op. 3. (Berlin, Schlesinger.)
Diabelli, A., 2 Sonatines tres-faciles. Op. 24. (Wien, Haslinger.)
—— Sonate facile. Op. 32. (Ebend.)
—— 6 Sonatines progressives. Op. 45. (Hamburg. Cranz.)
—— Sonatinen. Op. 54, 58, 60. (Wien, Haslinger.)

Schmitt, J., Andante et Rondeau (Quand j'avais quatorze). (Leipzig, Schuberth u. Co.)
—— Introduction et Variations faciles et agreables. Op. 74. 2 Sonatines. Op. 118. (Offenbach, André.)

Assmayer, Adagio und Allegro im leichten angenehmen Styl. Op. 23. (Wien, Haslinger.)

Bertini, H., Etuden zur Ausbildung des Taktes und des Rythmus und zur Auffassung der musikalischen Figuren. Op. 97. (Wien, Haslinger.)

Chwatal, Pièces faciles et brillantes. Op. 3. (Leipzig, Kistner.)

Czerny, C., Belohnung der fleissigen Jugend. Drei leichte Sonatinen. Op. 156. (Wien, Spina.)
—— 3 Rondeanx faciles, agreables et doigtées à l'Usage des Commençans avancés. Op. 158. Cah. 2. (Leipzig, Kistner.)

Duvernoy, Petites Pièces sur des Thêmes favoris de Halevy, Meyerbeer, C. M. v. Weber. Op. 118. (Leipzig, Breitkopf u. Härtel.)

Enkhausen, 5 Pièces progressives. Op. 28. (Hannover, Nagel.)

Kalkbrenner, 3 Pièces faciles. Op. 35 b. (Leipzig, Kistner.)

Kuhlau, 3 Rondeaux agreables. Op. 70. (Hamburg, Cranz.)

Leidesdorf, Sonade facile. Op. 103. (Wien, Witzendorf.)

Licke, 3 Sonatines faciles et agreables. Op. 48. (Wien, Spina.)

Schmitt, Al., Sonate facile. Op. 58. (Offenbach, André.)
—— Variations faciles. Op. 27. (Mainz, Schott.)
Schwenke, C., 5 Pièces faciles. Op. 12. (Leipzig, Hofmeister.)
Weber, C. M., 6 petites Pièces faciles. Op. 3. Augsburg, Gombart.)
Oesten, Th., Bunte Reihe. 21 kleine und sehr leichte Kinderstücke. 3 Hefte. (Bonn, Simrock.)
Czerny, C., 50 vierhändige Uebungsstücke in fortschreitender Ordnung mit Bezeichnung des Fingersatzes. Liv. 1—4. Eine praktische Pianoforteschule zu 4 Händen. Op. 239. (Leipzig, Hofmeister.)
André, A., Andante mit Variationen. Aus Op. 46. Zur Uebung des Zweiviertel-Taktes. (Offenbach, André.)
Löschhorn, 12 vierhändige Klavierstücke (zum Unterricht für Anfänger). Eine Reihe melodiöser und charakteristischer Tonbilder in fortschreitender Ordnung und genau bezeichnetem Fingersatz. Op. 51. Heft 1. (Leipzig, Peters.)
Weiss, J., Blumenlese für kleine Quatre-Mains-Spieler. Beliebte Volks- und Opernmelodien in Form von Rondinos, Variationen u. s. w. (Berlin, Weiss.)
Neumann, Fr., 16 vierhändige Klavierstücke zum Unterrichte für Anfänger. Eine Reihe melodiöser und charakteristischer Tonstücke in fortschrei-

tender Ordnung. 2 Hefte. Op. 1. (Leipzig, Breitkopf u. Härtel.)

Abt, Fr., Album musical des jeunes Pianistes, ou Receuil de fantaisies, Variations et Rondinos. 2me Année. Op. 33. 3me Année. Op. 43. 4me Année. Op. 59. 5mo Année. Op. 77. (Leipzig, Hofmeister.)

Köhler, L., Volksmelodien als bildende Uebungsstücke, in stufenweiser Fortschreitung mit Vortrags- und Fingersatzbezeichnung. Heft 1—5. Op. 18. (Leipzig, Hofmeister.)

Brunner, C. T., Erheiterungen für die Jugend. Kurze und leichte Piecen nach beliebten Opern-Motiven. Heft 2. Bellini, die Nachtwandlerin. Donizetti, Anna Bolena. Heft 3. Adam, Postillon von Lonjumeau. Bellini. Op. 37. (Leipz., Klemm.)
—— Heitere Melodien. Sechs kleine, leichte Rondo's über beliebte Motive von A. Lortzing. Op. 106. Nr. 1. 2. Der Waffenschmied. Nr. 3. 4. Undine. Nr. 5. 6. Der Wildschütz. (Ebend.)

Burkhardt, Sal., Pièces faciles et progressives d'après des Thèmes favoris. Liv. 1. Rondeau (Flotow, Allessandro Stradella). La Chasse (Kreutzer, das Nachtlager in Granada). Divertissement (Flotow, Allessandro Stradella). Liv. 2. Rondeau militaire (Donizetti, la fille du Regiment). Les Adieux (Air russe varie). Op. 56. (Leipzig, Klemm.)

Brunner, C. T., Clavierschule zu vier Händen für die lernbegierige Jugend. (Leipzig, Siegel.)

Wohlfahrt, H., Drei kinderleichte Sonatinen zur Unterhaltung für angehende Clavierspieler. (Ebend.)

Brauer, Fr., Sonatine für jüngere Clavierspieler. Op. 11. (Leipzig, Kahnt.)

Burkhardt, Drei Rondinos nach Motiven aus den Opern Belisar und Liebestrank von Donizetti. Op. 53. (Ebend.)

—— Vier Piecen (Romanze — Marsch — Das Glöckchen — Walzer. Op. 59. (Ebend.)

Doppler, Melodische Bilder. Erheiterungen am Pianoforte für die musikalische Jugend, (Lehrer und Schüler,) über beliebte Motive aus Opern und Liedern. 3 Hefte. Op. 243. (Ebend.)

Klauwell, Frühlingsklänge. Neun Originalstücke im leichten Style. 2 Hefte. (Ebend.)

Knorr, J., Anfangsstudien im Pianofortespiel als Vorläufer zu den „Klassischen Uebungsstücken." Heft 1. 15 ganz leichte Stücke für 4 Hände auf 5 Noten. (Ebend.)

Louis, P., Mai-Röschen. Kleine vierhändige Originalstücke für zwei angehende Spieler des Pianoforte. Heft 1. (Ebend.)

Müller, R., Jugendlust. 12 aufmunternde Melodien. Heft 1. Brautlied aus Lohengrin. Cavatine aus Ernani. Zigeunerlied a. d. Nordstern. Arie aus Stradella. Lied a. d. Templer u. die Jüdin. Pilgerchor a. d. Tannhäuser. Op. 7. (Ebend.)

Struve, A., Harmonisirte Uebungsstücke. Die Partie des Schülers im Umfange einer reinen Quinte und einer grossen Sexte spielend. Op. 41. (Ebend.)

Struve, A., Kleine Lieder zum Behuf melodischen Ausdruckes; angehenden Spielern gewidmet. 4 Hefte. Op. 48. (Leipzig, Kahnt.)
Knorr, J., Anfangsstudien zur „musik. Chrestomathie." Heft 1. (Ebend.)
Grenzebach, E., 12 Klavierstücke zu 4 Händen, im Umfange von fünf Tönen für Anfänger. Heft 3 u. 4. (Leipzig, Breitkopf u. Härtel.)

Die Literatur für das zweite Stadium des Clavierspiels ist ebenfalls reich vertreten und die Wahl muss um so sorgfältiger sein, da auch viel Triviales (besonders im Auslande) erscheint, was jedoch auch seine Liebhaber findet; doch sollen hier nur solche Werke angezogen werden, die den Pianofortespielern nicht den Geschmack an klassischen Erzeugnissen verderben. Um die Schwierigkeiten des zweiten Stadiums zu überwinden, welche zum Theil durch die Uebungsstücke und Etuden des ersten Stadiums, welche den Uebergang in das zweite Stadium vorbereiteten, gehoben sind, bieten sich dem Spieler Werke genug, welche ihn sicher und leicht den technischen Schwierigkeiten für das zweite Stadium entheben. Dahin gehört meistens die zweite Abtheilung in den Pianoforteschulen und diese sind daher hier in Angriff zu nehmen, z. B. aus der grossen praktischen Pianoforteschule von J. B. Cramer die zweite Abtheilung: Die Fingerfertigkeit in 100 progressiven Uebungsstücken oder Etuden. Ferner aus Jacob Schmitt's: Praktische Schule des Pianofortespiels. Zweiter Lehrmeister und andern schon früher angegebenen Schulen und Anweisungen. Ebenso folgende Etuden-Werke:

Voss, Ch., 12 Etudes en Style moderne, progressiv à ficiliter d'une manière agreable la connaissance du mecanisme de cet instrument. Op. 85. (Leipzig, Peters.)

Heller, St., Etuden zur Bildung des Gefühls für musikalischen Rythmus und Ausdruck. Op. 47. Cah. 1. (Bonn, Simrock.)

Benett, W. St., Präludien und Studien zum Gebrauche am Queen's College London. Op. 33. (Leipzig, Kistner.)

Bertini, Exercices arpèges. Tirés de sa Methode. (Mainz, Schott.)

Stolze, H., W., Schule durch Tonleiter und Akkord. 42 Uebungen durch alle Tonarten für schon etwas vorgeschrittene Schüler. Op. 12. (Wolfenbüttel, Holle.)

Duvernoy, Douze Etudes mélodiques de Rythme. (Lu Babillarde, Bagatelle. Le Bal, Valse. Sur Mer, Barcarolle. Dé Départ du Régiment, Marche. Piété, Prière. Le Calme, Melodie. Colère, Caprice. Douleur, Elégie. L'Amazone, Galop. Causerie intime, Nocturne. Dans le Bois, Revèrie, Féte espagnole, Bolero. Op. 255. (Leipzig, Hofmeister.)

Brauer, Zwölf Studien zur Beförderung der Geläufigkeit als Vorbereitung für Czerny's Schule der Geläufigkeit. Heft 1. 2. Op. 15. (Leipz., Siegel.)

Enke, kleine melodische Studien nebst Vorübungen zum Zwecke einer bequemen Erlernung der

hauptsächlichsten Begleitungsformen. 6 Hefte.
Op. 28. (Leipzig, Kahnt.)

Krause, Etuden zur Ausbildung des Trillers. Op. 2.
2 Hefte. (Leipzig, Breitkopf u. Härtel.)

Le Couppey, Schule der Mechanik des Klavierspiels. Uebungen in 15 Serien zu Erlangung eines lockeren, gleichmässigen und freien Anschlags, (Dur- und Moll-Tonleitern, Terzengängen etc.) (Leipzig, Breitkopf u. Härtel.)

Sechter, Einweihung in die gebundene Spielart, oder contrapunktische und canonische Sätze mit Fingersatz. Op. 51. 3 Hefte. (Wien, Witzendorf.)

Zur Unterhaltung mögen für dieses Stadium folgende Werke hier Platz finden:

Müller, A. E., Rondeaux favorites. (Leipzig, Peters.)

Pleyel, Rondeaux favorites (Ebend.)

Hünten, Thême allemand favori: „An Alexis send' ich dich." Op. 26. (Leipzig, Hofmeister.)

Mendelssohn-Bartholdy, Kinderstücke. Op. 72. (Leipzig, Breitkopf u. Härtel.)

Ries, Ferd., Sonatine. Op. 45. (Leipzig, Peters.)

Steibelt, 3 Sonates courtes et agreables. Op. 62. (Ebend.)

Burgmüller, Pensées expressives. Op. 73. (Bonn, Simrock.)

Hünten, Fr., Quatre Rondinos. Op. 31. (Leipzig, Hofmeister.)

Beethoven, 6 Variations faciles sur un air suisse in F. Nr. 12. Leipzig, Peters.)

Beethoven, 6 Variationen über: Nel cor più non mi sento. (Wien, Spina.)
Herz, H., Allegro et Variations faciles. Op. 3. (Mainz, Schott.)
Mayer, Ch., Valse in Es. (Leipzig, Breitkopf u. Härtel.)
Burgmüller, F., Heures de Loisir. 12 Melodies favorites. Op. 35. (Ebend.)
Köhler, L., Volksmelodien. (Braunschweig, Litolff.)
Sterkel, Sonata. Op. 18. (Leipzig, Breitk. u. Härtel.)
Lickl, G., Rondeau sur le Thême de Paganini. Op. 34. (Wien, Haslinger.)
—— Rondeau sur le Thême de Strauss. Op. 35. (Wien, Artaria,)
Chopin, Grande Valse. Es-Dur. Op. 18. (Leipzig, Breitkopf u. Härtel.)
Duvernoy, Fantasie sur la Romanesca. Op. 101. (Ebend.)
Mozart, 12 Thêmes variées. Nr. 1. Variationen über: La Marche des Mariages Samnites. Nr. 2. Var. über: „Lison dormoit." Nr. 3. Var. über: La belle française. Nr. 4. Var. über: „Unser dummer Pöbel meint." Nr. 5. Var. über: „Je suis Lindor." Nr. 6. Var. über: „Une fièvre brûlante." Nr. 7. Var. über: „Ein Menuet von Duport." Nr. 8. Var. über: „Ein Weib ist das herrlichste Ding." Nr. 9. Var. über: „Ha! Vous dirai-je maman." Nr. 10. Var. über: „Salve de Domino." Nr. 11. Var. über: „Eine Menuet von Fischer. Nr. 12. Var. über ein Originalthema. (Leipzig, Breitkopf u. Härtel.) (Oeuv.

compl.) Cah. 2. Auch daselbst einzeln, wie bei vielen andern Verlegern zu erhalten:
Beethoven, 2 Sonaten. Op. 49. (Wien, Artaria.)
Kullak, Kinderleben. Kleine Stücke. Op. 62. (Berlin, Bote u. Bock.)
Taubert, Jugendparadies. Op. 84. Melodien. Erste Sammlung. (Leipzig, Breitkopf u. Härtel.)
Lefebure-Wely, Les Cloches de Monastère. Op. 54. (Leipzig, Siegel.)
Kalkbrenner, Rondino in Es. Op. 32. (Leipzig, Hofmeister.)
Voss, Ch., Drei Melodien: Nr. 1. Ein flüchtiger Blick. Nr. 2. In einsamen Stunden. Nr. 3. Werd' ich dich wiedersehen? Op. 104. (Leipz., Breitk. u. Härtel.)
Beethoven, Sonatine. Op. 79. (Wien, Haslinger.)
Cramer, J. B., Le Rendez-vous à la Chasse. Divertissement. (Bonn, Simrock.)
—— Le petit Rien. Morceau facile. (Hamburg, Cranz.)
Moscheles, Rondeau sentimental. Op. 82a. (Leipzig, Kistner.)
Schumann, Kinderscenen. Op. 15. Leichte Stücke. (Leipzig, Breitkopf u. Härtel.)
Czerny, C., Recreations pour la Jeunesse. 12 Rondeaux instructifs et egreables. (Thêmes modernes et favoris.) Op. 385. (Bonn, Simrock.)
Dussek, La Consolation. Andante. Op. 62. (Berlin, Bote u. Bock.)
—— Recueil d'Airs connus variées. Op. 71. Suite 1. 2. (Leipzig, Breitkopf u. Härtel.)
—— Rondeau (militaire) tiré de l'Oeuvre 27. (Ebd.)

Dussek, Partant pour la Syrie. Romance favorite variée. (Leipzig, Breitkopf u. Härtel.)

Gelinek, Fantaisie ou Caprice trés-facile avec un Rondeau à la turque. (Wien, Haslinger.)

Herz, H., Variations non difficiles (Gavotte de Vestris). Op. 28. (Bonn, Simrock.)

—— 8 Bagatelles en forme de Rondeaux et Variations sur des Airs nationaux et des Themes favoris. Op. 85. Nr. 1—8. (Leipzig, Peters.)

Hummel, Trois grandes Valses en forme de Rondeaux. Op. 103. (Wien, Haslinger.)

Kalkbrenner, Introduction et Rondeau, tiré de Figaro (din, din!). Op. 57. Rondo pastorale. Op. 59. (Leipzig; Breitkopf u. Härtel.)

Kalliwoda, Valse melancholique. Op. 115. (Mainz, Schott.)

Kuhlau, 6 Thémes favoris d'Opera: der Freischütz; varié. Op. 49. (Copenhagen, Lose u. Delbanco.)

Kullak, Transscriptions faciles. (Berlin, Schlesinger.)

Lauska, Sonate agreable. Op. 46. (Leipzig, Peters.)

Leidesdorf, Hommage aux Dames. Rondeaux sur les Thémes de Rossini. Op. 152. (Wien, Spina.)

Herz, H., Petit Divertissement Cracovienne favori. Op. 109. (Mainz, Schott.)

Beyer, F., Repertoire des jeunes Pianistes. Petites fantaisies instructives sur les Motifs d'Operas favoris. Op. 36. (Ebend.)

—— Guirlandes mélodiques. Op. 117. (Ebend.)

Duvernoy, Tombour et Trompette. Caprice de Genre. Op, 251. (Erfurt, Bartholomäus.)

Oesten, Die Aeolsharfe. 6 kleine Rondos u. Variationen über beliebte Melodien von Volksliedern. Op. 122. (Bonn, Simrock.)

—— Moosrosen. 6 gefällige Tonstücke über beliebte Melodien. Op. 142. (Magdeburg, Heinrichshofen.)

Pacher, Melodienschatz. Op. 36. Heft 1—8. (Wien, Spina.)

—— Die Debütanten. Variationen im leichten Style. Op. 48. Nr. 1—3. (Mainz, Schott.)

Burgmüller, Fr., Goldenes Melodienbuch. Sammlung von auserwählten Volks-, Opern- u. Tanz-Melodien. (Offenbach, André.)

Duvernoy, Tourments du Poëte. Romance sans Paroles. (Wien, Spina.)

Rosellen, 2 Rondeaux sur des Motifs de Gustav, ou le Bal masqué. Op. 4. (Mainz, Schott.)

Wallace, Trab, trab. Air populaire avec Introduction et Variations brillants et non difficiles. Op. 45. (Leipzig, Schuberth u. Co.)

Anger, Genrebilder. Op. 8. (Leipzig, Hofmeister.)

Cramer, H., Collection de Morceaux élégants sur des Danses. Nr. 1. Petrak, Sedlcanska-Polka. Nr. 2. Gungl, Träume auf dem Ocean. Nr. 3. Bilse, Sturmmarschgalopp. Nr. 4. Lumbye, Amalien-Galopp. Nr. 5. Gungl, Fleurs de Fantaisie. Nr. 6. Strauss, Wiener Polka. (Offenbach, André.)

Eschmann, Drei Sonaten zu instructiven Zwecken. Op. 23. (Leipzig, Hofmeister.)

Mayer, C., 12 kleine charakteristische Tonbilder. Liv. 1. Waldmährchen. Aufblick. Schneeglöckchen. Liv. 2. Kinderspiele. Saltarella. Norwegische Ballade. Liv. 3. Treue Liebe. Hexentanz. Frühlingslied. Liv. 4. Maikäfer. Melancholie. Scherzhaft. (Magdeburg, Heinrichshofen.)

Oesten, Thêmes célébres de Beethoven, Mozart, Haydn, Mendelssohn-Bartholdy, C. M. v. Weber. Fr. Schubert, Gluck, en forme de Rondinos. Op. 97. Heft 1—3. (Bonn, Simrock.)

Schmitt, A., 3 Sonatines. Op. 11. (Offenbach. André.)

Schwenke, C., 3 Rondinos. Nr. 1. Rossini, Der Barbier von Sevilla. Nr. 2. Auber, Die Stumme. Nr. 3. Donizetti, Anna Bolena. (Leipzig, Schuberth u. Co.)

Abt, Fr., 6 petites Fantaisies et Rondinos. Nr. 1. Kinderlied von Taubert. Nr. 2. Flotow, Indra. Nr. 3. Verdi, Rigoletto. Nr. 4. Schwäb. Volkslied. Nr. 5. Oesterreich Volkslied. Nr. 6. Sedlcanska-Polka. Op. 113. (Offenbach, André.)

Blumenthal, P., Le Vacanses. Récreations pour les Amateurs. 12 Compositions faciles. (Leipzig, Schuberth u. Co.)

Hünten, Fr., Les Gaites champêtres. 6 Petites Morceaux sur des Airs favoris. Op. 188. Nr. 1. Martha. La Visite du Bonheur. Nr. 2. Polka. Le Langage

' de Clochers. Nr. 3. Air styrien. Tictac. (Mainz, Schott.)
Cramer, H., Volkslieder für Pianoforte bearbeitet. Op. 144. 4 Hefte. Nr. 1—24. (Offenbach, André.)
Köhler, L., Volksmelodien. Heft 2. (Braunschweig, Litolff.)
Kullak, Kinderleben. Kleine Stücke. Op. 81. (Berlin, Bahn.)
Weiss, J., 6 Morceaux instructives en forme de petites Fantaisies sur des Mélodies favoris de Beethoven et Schubert. Op. 32. (Berlin, Bote.u. Bock.)
Croisez, A., 3 Enfantillages avec Accompagnement ad libitum. Nr. 1. Grelots ou le Poste (mit Schellen). Nr. 2. Les Clochettes (mit Glöckchen). Nr. 3. Les Tambours (mit kleiner Trommel). Op. 59. (Mainz, Schott.)
Gintze, Alpenlieder. (Lieder ohne Worte.) Abschied von den Bergen. Die Täuberln. Steyrer's Heimweh. S'Haomweh. Der betrübte Waldbua. (Wien, Wessely u. Büsing.)
Grädener, Fliegende Blätter. Op. 5. (Hamb., Jowien.)
Léfébure-Wély, 3 Etudes de Salon. Nr. 1. Les Echos de la Loire. Nr. 2. La Noce de Village. Nr. 3. L'Arabe. (Wien, Wessely u. Büsing.)
Rosenhain, Nocturne. Op. 6. (Offenbach, André.)
Schmitt, A., Collection de Sonates, Rondeaux et Variations pour les jeunes Amateurs. Op. 52. Cah. 1. Sonate in C. Cah. 2. Sonate in F. Cah. 4. Sonate in D. Cah. 5. Sonate in B. Cah. 6. Sonate in A.

Cah. 7. Sonate in Es. Cah. 8. Thême varié. Cah. 9.
Thême russe. Cah. 10. Thême de Figaro. Cah. 11.
God save the king. Cah. 12. Introduction et Rondeau. (Mainz, Schott,)

Schunke, Ch., Mosaique. Choix de Morceaux favoris de la Juive de Halevy, d'une Maniére facile. 4 Suites. (Berlin, Schlesinger.)

Schwenke, C., Sonatine. Op. 13. (Leipz., Hofmeister.)

Thalberg, S., Etrennes aux jeunes Pianistes. Op. 35. Edition facilitée. Op. 35. (Leipz., Schuberth u. Co.)

Willmers, R., Apollo-Album. 12 Compositions brillantes et non difficiles. Op. 17. Nr. 1—12. (Ebend.)

Marschner, H., Trois Rondeaux agreables et progressives. Op. 19. 20. 21. (Leipzig, Breitkopf u. Härtel.)

Pixis, Bijoux à la Pixis. 3 Airs allemands chantès par Françilla Pixis, arr. en Rondeaux faciles. Op. 124. (Leipzig, Hofmeister.)

Reissiger, C. G., 3 petits Rondeaux doigtés brillants et faciles. Op. 51. (Dresden, Friedel.)

Ries, 1er Rondoletto. Op. 54. (Berlin, Schlesinger.)

Rossellen, 3 Airs de Ballet, arr. en Rondeaux, motifs du Diable boiteux de Gide. Op. 11. Le Boléro. Nr. 2. Pas de quatre. Nr. 3. Cachucha. Nr. 4. Gitana et Lapeteado. (Berlin, Schlesinger.)

Rosenhain, 24 Etudes mélodiques. Op. 20. (Leipzig, Breitkopf u. Härtel.)

—— Romances. Cah. 1. Op. 25. (Mainz, Schott.)

Léfébure-Wély, La Garde montante. Caprice de Genre. Op. 71. (Leipzig, Siegel.)

Ernst, H. W., Le Carneval de Venise. Variations burlesques. Op. 18. arr. p. F. L. Schuberth. (Leipzig, Kistner.)

Voss, Ch., La Pluie de Perles. Fantaisie-Etude. Edition facilitée. Op. 95. (Leipzig, Peters.)

Händel, C. F., Variations E-dur. (Leipzig, Breitkopf u. Härtel.)

Steibelt, 6 beliebte Rondos. Op. 33. (Offenbach, André.)

Haydn, J., Sonate G-dur. Op. 23. Nr. 1: (Pianoforte-Album. (Leipzig, Gumprecht, u. andern Verlegern.)

Beethoven, Thema mit 9 Variationen über Quanté' piu bello. (Wien, Spina.)

Haydn, J., Sonate D-dur. Op. 17. (Leipzig, Breitkopf u. Härtel.)

Mozart, Sonate. F.-dur. (Ebend.)

Winterle, E., 6 kleine Tondichtungen zur Erweckung des musikalischen Gefühls. 2 Hefte. Op. 42. (Leipzig, Kistner.)

Raff, Suit de Morceaux pour petites mains. Nr. 1. Fleurette. Romance. Nr. 2. Fabliau. Nr. 3. Echo. Ranz des Vaches suisse. No. 4. Marche de Bohémiens. Nr. 5. Aprés le couches du Soleil. Meditation. Nr. 6. Manon. Rondinetto. Nr. 7. Garçon-Meunier. Chanson original et paraphrase de genre. Nr. 8. Tour à Cheval. Caprice. Nr. 9. Pleureuse. Scene. Nr. 10. Babillarde. Caprice-Etude. Op. 75. (Ebend.)

Schubert, F. L., Perlen des Orients. Orientalische Volkslieder. Heft 1—3. Heft 1. Nr. 1. Arabische Melodie. Nr. 2. Türkische Melodie. Nr. 3. Bengalische Melodie. Nr. 4. Afghanen-Gesang. Heft 2. Nr. 5. Aegyptische Hymne. Nr. 6. Arabischer Gesang. Nr. 7. Hindostanischer Tanz. Nr. 8. Hindostanischer Gesang. Heft 3. Nr. 9. Tanz der Berares. Nr. 11. Gesang aus Cachemir. Nr. 12. Persischer Gesang. (Leipzig, Senff.)

Struth, Six Rondeaux mignons sur des Thêmes favoris. Nr. 1. Normandie de Berat. Nr. 2. La Pastourelle des Alpes, de Rossini. Nr. 3. Air suisse. Nr. 4. Thême de Mozart. Nr. 5. Dernière Valse d'un fou. Nr. 6. Berceuse de Taubert. Op. 29. (Leipzig, Kahnt.)

Schulz-Weyda, Drei Tyroler Nationallieder. Op. 35. (Ebend.)

Burkhardt, S., Lieder-Potpourris ohne Worte (erste Folge) nach Gesängen verschiedener Komponisten im leichten Style bearbeitet. 12 Hefte. (Leipzig, Klemm.)

Reinecke, C., Drei Sonatinen. Op. 47. Nr. 1. 2. 3. (Leipzig, Breitkopf u. Härtel.)

Heller, St., Rondoletto sur la Cracovienne du Ballet Gypsy. Op. 12. (Ebend.)

Beyer, Ferd., Les Soirées des Pensionats, choix de Morceaux elegants. Op. 84. (Bonn, Simrock.)

Brunner, 12 petites Rondeaux sur des Themes favoris, français et italiens, avancés. Op. 46. (Bonn, Simrock.)

Reissiger, Drei Rondinos. Nr. 1. 2. 3. Op. 22. (Leipzig, Klemm.)

Hünten, Fr., Fantaisie sur la célèbre Mélodie „Ah! che la morte ognora" de l'Opera; „Il Trovadore" de Verdi. Op. 206. (Leipzig, Siegel.)

Krug, D., Des Waldschützen Jagdgesang. Klavierstück. O. 128. (Ebend.)

Brunner, Melodienkranz. Sechs gefällige Tonstücke über beliebte Motive. Op. 179. Nr. 1—6. (Ebend.)

Cramer, H., Deux Styriennes originales. Nr. 1. 2. Op. 125. (Ebend.)

Hünten, Fr., Rondo magyare. Morceau brillant. Op. 202. (Ebend.)

Mayer, Ch., Die jüngsten Kinder meiner Laune. Zehn leichte Klavierstücke für die Jugend Heft 1—4. Op. 262. (Ebend.)

Spindler, Fr., Fünfzehn Kinderstücke. Heft 1—4. Op. 99. (Ebend.)

Weischer, Fleurs des Alpes. Petite fantaisie instructive sur une Tyrolienne. Op. 8. (Ebend.)

Schubert, Fl. L., Trauermarsch (dem Andenken des Königs Friedrich August II. von Sachsen geweiht.) (Ebend.)

Croisez, Les Moissonneurs et l'Angelus. Scene pastorale. Op. 105. L'Echo de la Rive. Barcarolla. Op. 115. La Cavatine de Philomèle. Chant du Bocage. Op. 116. (Leipzig, Hofmeister.)

Duvernoy, Brise d'Italie. Fantaisie sur des Thèmes de Bellini. Op. 242. (Ebend.)

Fradel, Sérénade militaire. Op. 47. (Ebend.)

Fumagalli, La fille de l'Air. Caprice de Légèrité. Op. 14. (Leipzig, Hofmeister.)
Gregoir, Annetten-Polka. (Op. 69. (Ebend.)
Hünten, Fr., Italia. 3 Fantaisies brillantes. Nr. 1. Beatrice di Tenda. Nr. 2. Parisina. Nr. 3. Il Giuramento. Op. 115. La Sererada. Op. 146. Variations de Belisario de Donizetti. Op. 148. (Ebend.)
Labitzky, Drittes Potpourri über böhmische Nationallieder. Op. 54. (Ebend.)
Leybach, Idylle pastorale. Op. 16. (Ebend.)
Struth, Au Bord de la Mer. (Réverie poétique.) (Ebend.)
Brunner, Souvenir de Schubert. 6 Morceaux élégans. Nr. 1. Lob der Thränen. Nr. 2. Ungeduld. Nr. 3. Ständchen. Nr. 4. Der Wanderer. Nr. 5. Die Post. Nr. 6. Die Forelle. Op. 150. (Bonn, Simrock.)
Burgmüller, Delices de l'Opera Italien. 6 Melodies grazieuses de Bellini. Op. 26. (Ebend.)
—— Mon Séjour à Neaples. 12 Melodies variés sur des Thêmes favoris Italiens. Op. 48. (Fbend.)
Czerny, C., 10 petits Rondeaux doigtés, ou amusemens utiles et agréables pour la jeunesse. Nr. 1—10. (Ebend.)
—— 8 Thèmes favoris variés à l'usage des élèves avancés. Nr. 1—8. Op. 438. (Ebend.)
—— 18 Rondeaux et Variations sur des Thêmes favoris composé à l'usage des élèves avancés. Nr. 1—18. Op. 454. (Ebend.)

— 43 —

Czerny, C., 24 Airs populaires en Rondeaux. Nr. 1—24. Op. 609. (Bonn, Simrock.)
Hünten, Fr., 3 Cantilenes expressives variées en 3 Livraisons. Op. 83. (Ebend.)
—— Les fleurs d'Italie. Nr. 1—3. Op. 84. (Ebend.)
—— Les premiers Succés. Nr. 1. 2. Op. 87. (Ebend.)
Croisez, L'Esclave du Harem. Rêverie orientale. Op. 84. La fête des Gondoles. Divertissement venitien. Op. 85. (Leipzig, Hofmeister.)

Vierhändig.

Abt, Fr., Album musical, ou Recueil de Fantaisies, Variations et Rondinos. Nr. 1. Die schönsten Augen, von Stigelli. Nr. 2. Arie aus Rigoletti de Verdi. Nr. 3. Sedlcanska-Polka von Petrak. Nr. 4. O bleib bei mir, von Abt. Nr. 5. Taubert'sche Kinderlieder. Nr. 6. Deutsche Lieder. Op. 102. (Ebend.)
Czerny, C., Introduction et Variations brillantes et non difficiles sur une Valse favorite de Mr. le Comte de Gallenberg. Op. 87. (Leipzig, Kistner.)
Hünten, Fr., Variations militaires sur le Marche Alexandre. Op. 12. (Ebend.)
Kalkbrenner, La famme du Marin. (Leipzig, Breitkopf u. Härtel.)
Schumann, R., Album für die Jugend. (Leipzig, Schuberth u. Co.)
Lumbye, Traumbilder. Fantaisie. (Leipzig, Breitkopf u. Härtel.)

Heller, St., Rondoletto sur la Cracoviene du Ballet: la Gipsy. Op. 12. (Leipzig, Breitkopf u. Härtel.)
Kittl, Marsch aus der Oper: Bianca u. Giuseppe. (Ebend.)
Mozart, Sonate Nr. 4 in C. (Leipzig, Peters.)
—— Andante con Variazioni. Nr. 7. (Ebend.)
Moscheles, Introduction et Rondeau. Op. 63. (Leipzig, Kistner.)
Czerny, C., 1ʳ Decameron musical. Recueil de Compositions brillantes et faciles. Op. 111. Cah. 2. Polonaises. Cah. 2. Grande Valse. Cah. 3. Preghiera del Mose. Cah. 4. Romanesque sur un motif favori de Raimondi. Cah. 5. Air neapolitain varié. Cah. 6. Variations. (Durch die Wälder.) Cah. 7. Fantaisie sur divers Motifs des Operas de Mozart. Cah. 8. Capriccio sur le Duo de Querelle du Macon. Cah. 9. Six Romances. Cah. 10. Rondeau. (Ebend.)
Brunner, Melodienzauber. 6 Liedertransscriptionen im brillanten und mittelschweren Style. 2te Serie. Nr. 1. Abt, „Bleib bei mir." Nr. 2. Schubert, Ständchen. Nr. 3. Kücken, „Wo still ein Herz." Nr. 4. Lachner, „A Bliemi im Mieda." Nr. 5. Gumbert, Die Thräne. Nr. 6. Proch, Das Blümelein. Op. 235. (München, Aibl.)
Beethoven, Sonate facile. Op. 6. (Wien, Witzendorf.)
Beyer, F., La Perle. Le Cors des Alpes (Das Alpenhorn). Melodie de Proch, variée. Op. 52. (Leipzig, Breitkopf u. Härtel.)
Cherubini, Marche religioso pendant la Communion du Roi au Sacre de Charles X. (Wien, Witzendorf.)

Chopin, 4 Mazurkas. Op. 17. Valse. Op. 18. 4 Mazurkas. Op. 30. 4 Mazurkas. Op. 33. 4 Mazurkas. Op. 41. (Leipzig, Breitkopf u. Härtel.)

Czerny, 2 Sonates faciles et brillants. Op. 50. (Wien, Spina.)

—— Second Decameron musical. Recueil des Compositions amusantes. Op. 176. (Leipzig, Kistner.)

Hünten, Fr., Thême Allemand (An Alexis) varié. Op. 26. (Hamburg, Cranz.)

—— Rondoletto (Thême du Barbier de Seville.) Op. 31. (Leipzig, Kistner.)

Kuhlau, Sonatine, Op. 17. 3 Sonatines, Op. 44. (Copenhagen, Lose u. Delhanco.)

—— 2 Sonates faciles et brillantes. Op. 66. (Hamburg, Cranz.)

Leidesdorf, La Sentinelle variée. Op. 51. (Wien, Spina.)

Pixis, J. P., Le Garçon suisse. Variations. Op. 114. Intermezzo en forme de Valse tirée de l'Oeuvre. 118. (Leipzig, Hofmeister.)

Plachy, Notturno. Op. 20. (Wien, Spina.)

Rossini, Stabat mater arr. p. Czerny. (Mainz, Schott.)

Schmitt, A., Rondoletto. Op. 64. (Wien, Spina.)

Schwenke, 6 Divertissements. Op. 12. (Leipzig, Breitkopf u. Härtel.)

Schunke, Le Pensionat. Pièces faciles et brillantes Op. 52. Cah. 1—12. (Ebend.)

Spohr, Erinnerung an Marienbad. Walzer. Op. 89. (Wien, Haslinger.)

Taubert, W., 4 Bagatelles Divertissement, Galopp, Scherzo et Valse. (Berlin, Bote u. Bock.)
Weber, C. M. de, 8 Pièces. Op. 60. Liv. 1—2. (Berlin, Schlesinger.)
Otto, J., 3 leichte Rondos. Op. 106. Nr. 1. Auf der Gondel. Nr. 2. Komm, hasche mich. Nr. 3. Auf zum Tanz. (Breslau, Leuckart.)
Beyer, F., Les Delices des jeunes Pianistes. 24 Duos mignons. Op. 129. (Mainz, Schott.)
Schmitt, J., Vive la Jeunesse. Amusement. Op. 168. (Leipzig, Schuberth u. Co.)
Wolf, E., Les jeunes Rivales. 6 petits Duos. Nr. 1. Semiramis. Nr. 2. Motecchi e Capuleti. Nr. 3. Sul margino d'un rio. Nr. 4. Partant pour la Syrie et God save the king. Nr. 5. Richard, Choeur de Lion. Nr. 6. Valses de Strauss. (Mainz, Schott.)
Mendelssohn-Bartholdy, Lieder u. Gesänge, übertragen von F. L. Schubert. Heft 1. Op. 19. Heft 2. Op. 34. Heft 3. Op. 47. Heft 4. Op. 57. Heft 5. Op. 71. Heft 6. Op. 84. Heft 7. Op. 86. Heft 8. Op. 99. (Leipzig, Breitkopf u. Härtel.)
Spohnholtz, Les trois fleurs d'Amour. 3 Scherzos en forme de Galop. (Leipzig, Schuberth u. Co.)
Weber, C. M. v., Aufforderung zum Tanz, arr. v. Klage. Op. 65. (Berlin, Schlesinger.)
Beethoven, Musique de Ballet en forme d'une Marche. (Leipzig, Hofmeister.)
Berger, L., 3 Marches, Op. 45. (Ebend.)
Czerny, Variations brillantes et non difficiles sur une Valse originale. Op. 266. (Ebend.)

Götze, Phantasie über die Marseiller Hymne, von Rouget de Lisle. (Leipzig, Breitkopf u. Härtel.)
Henselt, A., Salon-Etuden. Op. 5. Nr. 4. Ave Maria. Nr. 11. Liebeslied. (Ebend.)
Lindpaintner, 12 Pièces. Op. 33. Liv. 1. Introduction, Rondo et Adagio. Liv. 2. Allemand, Rondo turco. Rondo di Caccia. Liv. 3. Introduction, Allegretto, Scherzando. Liv. 4. Marcia, Andante, Rondo. (Ebend.)
Meyerbeer, Krönungsmarsch aus der Oper: Der Prophet. (Ebend.)
Schumann, Kinderscenen arr. Op. 15. (Ebend.)
Thalberg, 3 Nocturnes arr. Op. 21. (Ebend.)
Voss, Ch., 3 Melodies. Op. 104. (Ebend.)
Herz, H., Variations sur l'Air: „Au clair de la Lune." Op. 4. (Leipzig, Kistner.)
—— Elégantes. Contredanses variées suivies d'une grande Valse. (Ebend.)
Kalkbrenner, La Chasse. Rondeau tiré de l'Op. 3. (Ebend.)
Ries, F., Marche de l'Opera: Aline, de Berton, varie. Op. 148. (Ebend.)
Beethoven, Andante favorie. (Wolfenbüttel, Holle.)
Clementi, M., 6 Sonaten. (Ebend.)
Diabelli, Sonaten. Op. 32. 33. 37. 38. (Wien, Spina.)
Ernst, H., W., Le Carneval de Venise (arr.) (Leipzig, Kistner.)
Beethoven, Lied mit 6 Variationen über: Ich denke dein. (Wien, Haslinger.)

Brunner, C. T., Fantasie über beliebte Motive a. d. Oper: Die Tochter des Regiments v. Donizetti. Op. 44. (Leipzig, Klemm.)

—— Fantasie über drei Volkslieder v. Fel. Mendelssohn-Bartholdy: Entflieh mit mir — Es fiel ein Reif — Auf ihrem Grab steht — Op. 73. (Ebend.)

Gährich, Ouverture zu dem Ballet: der Seeräuber. (Ebend.)

Lobe, Reiselust (Les Charmes de Voyage.) Ouverture Nr. 5. Op- 26. (Ebend.)

Mozart, Hymne (Nr. 3.) Gottheit Dir sei Preis — arrangirt v. Brunner. (Ebend.)

Nicolai, G., Bagatellen. Op. 8. (Einzeln Nr. 1. Moderato. Nr. 2. Larghetto. Nr. 3. All' Irlandese, Vicace. Nr. 4. Andante con Variazioni. Nr. 5. Maestose quasi Marcia funebre. Nr. 6. Alla Polacca. Nr. 7. Marcia. Nr. 8. Rondo. (Ebend.)

Reissiger, F. A., Pièces detachées et non difficiles. Op. 4. (Ebend.)

Hierher gehören auch zum Theil die vierhändigen Bearbeitungen der Mozartschen und Rossinischen u. A. Opern (Leipzig, Hirsch), jedoch können überhaupt solche Bearbeitungen in kein bestimmtes Stadium gewiesen werden.

Das dritte Stadium im Pianofortespiel tritt ein, sobald die mittlern Schwierigkeiten des ersten Grades, welche die vorher angezogenen Werke bieten, überwunden sind. Der zweite Grad der mittlern Schwierigkeit wird bald besiegt, wenn man mit Eifer die dazu gebotenen Materialien studirt. Ausser der gewöhnlichen dritten Abtheilung einer Schule bieten auch andere Werke Stoff genug, welche durch Scalen für beide Hände, gebrochene Akkorde, den Fingerwechsel auf einer Taste, Terzen- und Sextengänge, Triolenpassagen, Oktavengriffe und Trillerübungen diesen Grad von Schwierigkeit bald überwinden. Hierher gehören z. B. der dritte Cursus der J. Schmitt'schen Pianoforteschule, ferner J. Knorr, „Materialien für das mechanische Klavierspiel, in einer vollständigen u. geordneten Sammlung." (Leipzig, Breitkopf u. Härtel.) Auch Plaidy, „Technische Studien für das Pianoforte" (ebend.), welche im Leipziger Conservatorium eingeführt sind. Wenn diese Werke zuerst hier angeführt werden, so soll damit nicht etwa gesagt sein, dass ähnliche Werke anderer Autoren minder werthvoll sind und es mögen daher hier noch andere Werke ihren Platz finden, welche zum grossen Theil demselben Zwecke vollkommen entsprechen. Doch sind die Knorr'schen Materialien jedenfalls zu beachten, weil darin die besten und passendsten Uebungsstücke anerkannter Meister wohlgeordnet auf einander folgen. Ferner sind zu empfehlen:

Bertini, H., 48 Etudes, composées exclusivement pour ceux, qui veulent se préparer pour les célébres Etudes de J. B. Cramer. Op. 29 u. 32. (Leipzig, Siegel.)

Clementi, Préludes et Exercices. (Leipzig, Peters.)

Berger, L., 12 Etudes. Op. 12. (Leipz., Hofmeister.)

Field, J., Exercice modulé dans tous les tons majeurs et mineurs. (Leipzig, Breitkopf u. Härtel.)
Herz, H., Collection d'Exercices, Gammes et Passages à l'usage des Elèves qui désirent faire des progrès rapides. (Leipzig, Hofmeister.)
Mayer, Ch., Neue Schule der Geläufigkeit. 40 Studien mit Fingersatz. Op. 168. (Berlin, Damköhler.)
Bennet, W., St., Präludien und Studien zum Gebrauch am Queens College London. Op. 33. (Leipzig, Kistner.)
Hünten, Les Esmeraudes. Op. 128. (Leipzig, Breitkopf u. Härtel.)
Gelinek, Variations sur le Thême: „Wan i in der Fruh aufsteh." (Bonn, Simrock.)
Mayer, C., 2e Valse-Etude. Op. 83. Romance italienne. Op. 134. Une fleur animée. Morceau de Salon. 199. (Leipzig, Siegel.)
Beethoven, Rondeau favori in C. (Wien, Spina.)
Mozart, Rondeau in D. (Offenbach, André.)
Rosenhain, 5 Charakterstücke oder Studien aus Op. 17. (Leipzig, Hofmeister.)

Die für dieses Stadium des Clavierspiels erschienenen Werke, welche nicht blos zur Uebung, sondern zugleich zur Unterhaltung dienen, sind in der Musikliteratur wohl am stärksten vertreten. Die meisten Sonaten von Mozart, 2- und 4händig, können hier zur Hand genommen werden, natürlich mit Ausschluss derjenigen Sonaten, welche einem frühern Stadium angehören. Die Mozartschen Sonaten sind in sehr vielen Ausgaben erschienen, einzeln und in completten Heften. (Die Steindruck-Ausgabe der Mozart'schen Sonaten bei André in Offenbach ist deswegen nicht zu empfehlen, weil in dieser Ausgabe fast durchgängig statt der langen Vorschläge kurze stehen, wodurch eine Verunstaltung der Melodien entsteht. Freilich ist diese Mozart'sche Musik nicht wie neuere Werke vollgepfropft von Vortragszeichen, es muss daher der Spieler sein Gefühl zu Hülfe nehmen, um sie mit Geschmack vortragen zu lernen. Hierher gehört auch ein grosser Theil der Sonaten von Clementi, Cramer, Dussek und Beethoven. Zu empfehlen ist die neue Ausgabe der Mozart'schen Sonaten (Leipzig, Breitkopf u. Härtel.)

Zweihändig.

Haydn, Sonate in Cis moll. (Leipzig, Breitkopf u. Härtel und vielen andern Verlegern.)
Weber, C. M. v., Les Adieux. Fantaisie. Op. 81. (Oeuvre post.) Leipzig, Schuberth u. Co.)
Burgmüller, N., Sonate in F moll. Op. 8. (Leipzig, Hofmeister.)
Kalkbrenner, Rondeau tiré de l'Opera; Le Nozze de Figaro de Mozart. Op. 57. (Leipzig, Breitkopf u. Härtel.)
Mendelssohn-Bartholdy, Hochzeitmarsch aus dem Sommernachtstraum. (Ebend.)
Kalkbrenner, La femme de Marin. (Ebend.)
Evers, C., 6 Poesies. Op. 47. (Leipzig, Kistner.)

Moscheles, Trois Rondeaux. Op. 18. (Wien, Spina.)
—— Pensées fugitives. (Ebend.)
Nessmüller, Lied: „Wenn ich mich nach der Heimath sehn'," für das Pianoforte übertragen von F. L. Schubert. (Leipzig, Breitkopf u. Härtel.)
Hummel, Variations sur un thême d'Armide de Gluck. Op. 57. (Leipzig, Breitkopf u. Härtel.)
Kücken, 2 Lieder. Nr. 1. Die Thräne. Nr. 2. Gut' Nacht, fahr' wohl, übertragen v. Ch. Voss. (Leipzig, Kistner.)
Spindler, Fr., Volkslieder für das Pianoforte übertragen. Op. 73. (Leipzig, Siegel.)
Hünten, Fr., Rêve du Soir. Trois Morceaux sur des Airs favoris. Op. 189. (Leipzig, Siegel.)
Léfèbure-Wély, Grand Galopp brillant. Op. 62. La Retraite militaire. Op. 65. (Offenbach, André.)
Oesten, 3 Fantaisie-Transscriptionen über deutsche Lieder. Op. 135. (Leipzig, Kistner.)
Wielhorski, Mazurka. Op. 27. (Leipzig, Siegel.)
Tomaschek, Six Eglogues. Op. 66. (Leipzig, Hofmeister.)
Talexy, Les Soirées de la Jeunesse. Nr. 1. Fanfare. Nr. 2. Styrienne. (Leipzig, Breitkopf u. Härtel.)
Tedesco, In einsamen Stunden. 6 Klavierstücke. Op. 98. (Ebend.)
Moscheles. Souvenir de Belisar. 2 Fantaisies sur des Motifs favoris de l'Opera: Belisario de Donizetti. (Leipzig, Kistner.)
—— Album des Chants avoris de Pischek: Chanson Bohémien, Rheinsehnsucht, Ballade Bohémienne,

Fahnenwacht v. Lindpaintner transcrits en forme de Fantaise brillante. (Leipzig, Kistner.)

Rosellen, Trois Rêveries. Op. 31. (Bonn, Simrock.)

Herz, H., Rondeau caracteristique sur la Barcarole de l'Opera: Marie, de Herold. Op. 33. (Leipzig, Hofmeister.)

Hummel, Rondeau. Op. 11. (Wien, Haslinger.)

—— Grande Fantaise. Op. 18. 3 Thêmes variés reunis. Op. 39. (Ebend.)

Kalkbrenner, 3 Sonates. Op. 1. 3 Sonates. Op. 4. Sonate Op. 13. (Leipzig, Kistner.)

—— Vive Henry IV. varié Op. 16. 7eme Fantaisie. (Romance à trois Notes de Rousseau.) Op. 22. (Wien, Spina.)

—— 5eme Fantaisie (La ci darem la mano) Op. 33. Les Rêegrets, Elegie harmonique sur la mort de la Princesse d'Angleterre. Op. 36. Talyho! la Chasse au Rénard, Rondeau. Op. 43. 3 Pensées fugitives. Rêverie. Chant ossianique Toccata. Op. 138. (Leipzig, Breitkopf u. Härtel.)

Onslow, Variations (Charmante Gabriele). Op. 12. (Hamburg, Cranz.)

—— Caprice ou Toccata. Op. 6. (Leipzig, Breitkopf u. Härtel.)

Reissiger, C. G., L'Espérance frastée (Getäuschte Hoffnung). Piece brillante en forme d'une Etude espressive. Op. 134. (Berlin, Schlesinger.)

Ries, F., Fantaisies. (Thèmes de Mozart de l'Opera: Le Nozze de Figaro.) Op. 77. (Leipzig, Peters.)

—— Rondo (Romance du petit Chaperon rouge Op. 89.

Nr. 1. Rondo (Cavatine de Rossini: Una voce poco.) Op. 89. Nr. 2. (Bonn, Simrock.)

Spohr, Adagio aus dem Violinquartett Op. 4. Nr. 2. eingerichtet von Räusche. (Hamburg, Cranz.)

Sponholtz, Etudes caracteristiques. Nocturnes romantiques. Op. 8. (Hamburg, Niemeyer.)

Taubert, 6 Impromptus caractéristiques. Op. 14. (Leipzig, Hofmeister.)

Wielhorski, 2 Nocturnes. Op. 11. (Leipzig, Breitkopf u. Härtel.)

—- Romance et Chansonette. 2 Melodies. Op. 23. (Leipzig, Hofmeister.)

Mendelssohn-Bartholdy, Notturno aus dem Sommernachtstraum. (Leipzig, Breitkopf u. Härtel.)

Henselt, A., Romanze im Thal. (Leipzig, Schuberth u. Co.)

Weber, C. M., Variations sur: „Vien qua Dorina bella" Air italien. Op. 7. (Berlin, Schlesinger.)

Beethoven, 6 Variations. (Rule Brittannia.) (Wien, Haslinger.)

Benedict, 3 Rondeaux tirés de l'Opera: The Gipsy's Warning, Nr. 1. Le Carneval. Nr. 2. La Tarantelle. Nr. 3. Le Polichinel. (Mainz, Schott.)

Böhner, Ave Maria. Adagio religioso et Variations brillantes. Op. 102. (Leipzig, Breitkopf u. Härtel.)

Chopin, Grande Valse. Op. 18. (Ebend.)

—— Bolero. Op. 19. (Leipzig, Peters.)

—— 2 Nocturnes. Op. 32. (Berlin, Schlesinger.)

—— Valse in As. Op. 42. (Leipzig, Breitk. u. Härtel.)

Cramer, J. B., La Parodie. Sonate. Op. 43. (Hamburg, Böhme.)

Beethoven, Rondeau in G. (Wien, Artaria.)

—— 8 Variations. (Une fièvre brûlante. Mich brennt ein heisses Fieber. (Wien, Spina.)

—— 3 Sonates. Op. 2. (Leipzig, Klemm.)

Cramer, J. B., Sonate, dans laquelle on a introduit les Airs: Rule britannia et la bonne Aventure. Op. 49. (Berlin, Schlesinger.)

—— Air favori de Rousseau avec Variations. (Bonn, Simrock.)

Czerny, C., Variationen über den Wiener Trauer-Walzer von Fr. Schubert. Op. 12. (Wien, Haslinger.)

—— Toccatine brillant et facile (Motif de la Tarantelle favori du Ballet: la fée et le Chevallier.) Op. 63. (Wien, Witzendorf.)

—— Introduction. Var. und finale (Spontini's baierscher Volksgesang). Op. 86. (Ebend.)

Döhler, Th., Album per Piano. Op. 40. Einzeln: Nr. 1. Rondino villageois. (Thême favori d'Auber.) Nr. 2. Bagatelle. (Air favori de Nice). Nr. 3. Romance et Cavatine de Donizetti (variées). Nr. 4. Petite fantaisie (deux motifs de Norma). Nr. 5. Nocturne sentimentale. (Romance d'Adam.) Nr. 6. Fantaisie. (Melodie favori de Meyerbeer). Nr. 7. Caprice brillant. (Ranz de Vaches et une Valse suisse.) Nr. 8. Cavatine favori de l'Opera: (La Denna del Lago, variée). (Mainz, Schott.)

Dussek, 3 Sonates. Op. 9. Sonate et 3 Airs variées. Op. 23. 3 grandes Sonates. Op. 35. 3 grandes Sonates. Op. 39. Les Adieux de Clementi gr. Sonate. Op. 144. Elegie harmonique sur la mort de Louis Ferdinand, Prince de Prusse, en forme de Sonate. Op. 61. Le Retour à Paris, Sonate. Op. 70. La Chasse, Sonate. (Leipzig, Breitkopf u. Härtel.)
—— The favourite Hornpipe arr. as a Rondo. (Hamburg, Böhme.)

Field, J., Sämmtliche Nocturnen (8 in einem Bande mit einer Vorrede von Fr. Liszt). (Leipzig, Schuberth u. Co.)
—— Air russe en rondeau. Bonn, Simrock.)
—— Chanson russes. varié. (Ebend.)
—— Rondeau éccossais. (Hamburg, Böhme.)
—— 3 Sonates. Op. 1. (Leipzig, Breitkopf u. Härtel.)

Gelinek, 10 Variations. (La ci darem la mano.) Nr. 1. (Wien, Artaria.)
—— 10 Variations. (Wer hörte wohl jemals mich klagen.) Nr. 29. (Offenbach, André.)

Haydn, 8 Sonates. (Oeuvres completes.) Ch. 1. (Leipzig, Breitkopf u. Härtel.)

Herz, H., Rondo alla Cosacca. Op. 2. (Bonn, Simrock.)
—— Fantaisie. Op. 5. (Ebend.)

Croisez, Attaque de Contrebandiers. Galopp. Op. 92. (Leipzig, Hofmeister.)

Henselt, Deux Romances du Comte Wielhorsky. Op. 9. Nr. 3. (Mainz, Schott.)

Hummel, J. N., Sonate in C. Op. 2. Nr. 3. (Offenbach, André.)

Pauer, Caprice en forme de Tarantelle. Op. 30. (Mainz, Schott.)

Weber, C. M. de, Célébre Perpetuum mobile. Rondo presto de la 1re Sonate. Op. 23. (Leipzig, Peters.)

Henselt, Deux Nocturnes. (Schmerz im Glück. La fontaine.) Op. 6. (Berlin, Schlesinger.)

Gade, N. W., Idyllen. (Im Blumengarten. Am Bache. Zugvögel. Abenddämmerung.) Op. 34. (Winterthur, Rieter-Biedermann.)

Heller, St., Le Kermesse. Danse néerlandaise. Op. 39. (Berlin, Schlesinger.)

—— Miscellanées. (Rêverie. La petite Mendiante. Eglogue.) Op. 40. (Ebend.)

Jungmann, Zwei lyrische Stücke aus der Oper Lohengrin von Wagner. Nr. 1. Lohengrins Verweis an Elsa. Nr. 2. Lohengrins Herkunft. Op. 125. (Wien, Spina.)

—— O du mein lieber Abendstern! Fantasie Wolfram's aus Tannhäuser von Wagner. Op. 115. (Ebend.)

Mayer, Ch., Deux Pièces de Salon. Nr. 1. Rêverie. Nocturne. Nr. 2. Gage d'Amitié. Divertissement. Op. 163. (Breslau, Leuckart.)

—— Gondellied. Op. 174. Nr. 10. (Hannover, Bachmann.)

Händel, Six fugues faciles. (Wien Spina.)

Ascher, feuilles et fleurs. 24 Etudes pittoresques. Op. 59. (Mainz, Schott.)

Baumfelder, La Prière d'une Vierge. Op. 23. (Leipzig, Kahnt.)

Benedict, Marche des Templiers. Op. 56. (Mainz, Schott.)

Blumenthal, J., Fuggiamo nel Deserto, Chanson populaire de Capri. Op. 49. (Ebend.)

Goldbeck, Miosotis. (Vergissmeinnicht.) Medidation musicale. Op. 20. (Leipzig, Schuberth u. Co.)

Goria, Souvenir d'Allemagne. 2 Etudes caractéristiques. Nr. 1. Les Regrets. Nr. 2. Chant d'Adieux. Op. 95. (Mainz, Schott.)

Heller, 3 Nocturnes. Op. 91. (Leipzig, Senff.)

Hiller, 8 Mesures variées. Op. 59. (Mainz, Schott.)

Lacombe, Nocturne tiré de l'Oeuvre 8. (Wien, Glöggl.)

Léfébure-Wély, Fêtes de Noël. 3 Fantaisies. Op.129. (Mainz, Schott.)

Mayer, Ch., Le Rossignol. Valse-Impromptu. Op.276. (Leipzig, Klemm.)

Oesten, Th., Portefeuille de l'Opera: 12 Fantaisiees élégantes sur des Themes favoris. Nr. 1. Wagner, Lohengrin. Nr. 2. Wagner, Tannhäuser. Nr. 3. Verdi, II Trovatore. Nr. 4. Meyerbeer, Le Pardon de Ploërmel. Op. 141. (Berlin, Bote u. Bock.)

Schumann, Album für die Jugend. 55 Klavierstücke. Op. 68 n. Op. 118. (Leipzig, Schuberth u. Co.)

Spindler, Fr., Klänge aus schöner Zeit. 6 Klavierstücke. Op. 14. (Leipzig, Whistling.)

—— 6 Stücke aus Wagners Tannhäuser übertragen. Nr. 1. Pilgergesang. Nr. 2. Lied an den Abendstern. Nr. 3. Lied: „Stets soll um dir." Nr. 4. Wolfram's Lied: „Als du im kühnen Sange." Nr. 5.

Einzug der Gäste. (Marsch u. Chor.) Nr. 6. Wolfram's Lied. „Die hohe Liebe tönt." (Dresden, Meser.)

Tedesco, 6 deutsche Weisen übertragen. Op. 108. (Bonn, Simrock.)

—— Souvenir des grands Maitres allemands. 7 Transscriptions. (Breslau, Heinauer.)

Beyer, Fr., Album. Morceaux élégants sur des Airs allemands favoris. Op. 115. Nr. 1. Speyer, Der Trompeter. Nr. 2. Stigelli, Die schönsten Augen. Nr. 3 Schubert, Des Mädchens Klage. Nr. 4. Fischer, „Du lieber Engel, du." Nr. 5. Mendelssohn, Auf Flügeln des Gesanges. Nr. 6. Spielmanns Lied. (Mainz, Schott.)

Heller, St., Traumbilder. 6 Pianofortestücke. Op. 79. (Berlin, Bote u. Bock.)

—— Serenade. Amoll. (Ebend.)

Kontski, La Résignation. Méditation. (Berlin, Guttentag.)

Osborne, La Rosée du Soir. Pensée musicale. Op. 90. (Mainz, Schott.)

Rosenhain, Le Carneval de Venise. Variations humoristiques. Op. 46. (Ebend.)

Rubinstein, Cracovienne. (Hamburg, Cranz.)

Schmitt, J., Nocture. Op. 6. (Offenbach, André.)

Schulhoff, Chansons des Paysans de Bohême. Op. 25. (Mainz, Schott.)

Spindler, Fr., Jägerlied mit Echo. Op. 26. (Leipzig, Kahnt.)

Talexy, Etude-Mazurka. Op. 19. (Mainz, Schott.)

Taubert, Walzer-Rondo. Op. 90. (Berlin, Guttentag.)
Tedesco, Souvenir d'Odessa. Pensée fugitive. Op. 39. (Hamburg, Jowien.)
Tomaschek, 6 Eglogues en forme des Danses pastorales. Op. 83. (Leipzig, Hofmeister.)
Voss, Ch., 6 Lieder-Transsriptionen. Nr. 1. Lindpaintner, Fahnenwacht. Nr. 2. Schwäbisches Volkslied. Nr. 3. Abt, Agathe. Nr. 4. Flotow, Künstlers Erdenwallen. Nr. 5. Dames, Aus der Ferne. Nr. 6. Weiss, Waldröslein. Op. 102. (Berlin, Bote u. Bock.)
—— 6 Morceaux élégants et variés. Nr. 1. Chant bohêmien. Nr. 2. Schubert, Ständchen. Nr. 3. Schubert, Ave Maria. Nr. 4. Prume, Mélancholie. Nr. 5. Schubert, Lob der Thränen. Nr. 6. Krebs, „Liebend gedenk' ich dein." Op. 118. (Offenbach, André.)
Waldmüller, L'Enfant prodigue, Morceau de Salon Op. 83. (Wien, Spina.)
Willmers, R., Sehnsucht am Meere. Charakteristisches Tongemälde. Op. 8. (Leipz., Schuberth u. Co.)
Wolff, E., Chanson bacchique. Op. 164. (Mainz, Schott.)
Bach, J. S., Auswahl aus seinen Compositionen mit einer Abhandlung über Auffassung und Vortrag seiner Werke am Pianoforte von A. B. Marx. (Berlin, Challier u. Co.)
Blumenthal, J., Les Mariniers. Scene italienne. Op. 22. (Wien, Spina.)
—— 3me Nocturne. Op. 28. (Mainz, Schott.)

Dreyschock, A., Souvenir d'Amitié. (Lied ohne Worte.) Op. 8. (Hamburg, Cranz.)
Fesca, A., Das Buch der Lieder. Ein Liederalbum ohne Worte. Op. 56. 3. Lief. (Lpz., Schuberth u. Co.)
Gàde, N. W., Albumblätter. 3 Pianofortestücke. (Canzonetta, Capriccio, Scherzo.) (Copenhagen, Lose u. Delbanco.)
Gockel, Immortelle à la Memoire de F. Mendelssohn-Bartholdy. (Braunschweig, Litolff.)
Goldschmidt, 3 Pensées fugitives. (Andante, Rêverie, Chanson du Soir.) Op. 7. (Mainz, Schott.)
Talexy, Sicilienne sur Marco Spada de Auber. (Ebend.)
Voss, Ch., Ronde joyeuse. Couplets. Op. 172. (Wien, Haslinger.)
Wallace, Paganini's Hexentanz. Fantaisie. Op. 72. (Leipzig, Schuberth u. Co.)
Blumenthal, J., La Luisella. Chanson napolitain, transcrit. Op. 34. (Mainz, Schott.)
Dreyschock, A., Styrienne originale. Op. 108. (Hamburg, Cranz.)
Gade, N. W., Sylphiden. Klavierstück. (Elberfeld, Arnold.)
Heller, St., 6 Charakterstücke. Op. 86. (Leipzig, Breitkopf u. Härtel.)
Henselt, A., Chant sans Paroles. (Leipzig, Stoll.)
Herzberg, Deux Romances, sans Paroles. Op. 2. (Wien, Haslinger.)
—— Feuilles d'Album. (Les Regrets. Styrienne. Chanson d'Amour.) Op. 25. (Wien, Spina.)

Léfébure-Wély, Berceuse. Op. 56. (Wien, Wessely
u. Büsing.)
—— Mazurka élégante. Op. 100. (Leipzig, Breitkopf
u. Härtel.)
—— La Clochette du Pâtre. Nocturne. Op. 102. (Ebd.)
—— La Tunisienne. Marche militaire. Op. 118. (Ebd.)
Paganini, La Clochette. Rondo giocoso du 2do Concerto transcrit. p. F. Beyer. (Mainz, Schott.)
Spohr, Rondoletto. Op. 149. (Leipzig, Peters.)
Jungmann, La Donna é mobile. Canzone de Rigoletti de Verdi, transcrit. (Wien, Spina.)
Krausse, Th., Ave Maria. Andante und Variationen. Op. 55. (Minden, Fissmer.)
Kuhe, Glockengeläute. Lied v. Hölzel übertragen. Op. 46. (Wien, Haslinger.)
Kullak, Das Lied vom Herzen. Volkslied v. Düringer übertragen. Op. 7. (Berlin, Guttentag.)
Pauer, E., Passacaille. Op. 40. (Mainz, Schott.)
Sattler, Nacre de Perles. Piece de Salon. (Wien, Spina.)
Talexy, Tremolo sur la Méditation de Gounod (Prélude de S. Bach). (Mainz, Schott.)
Voss, Les Adieux du Soldat. Grande Marche. Op. 159. (Leipzig, Peters.)
Kullak, Gazelle. Op. 22. (Berlin, Bote u. Bock.)
Hummel, La Bella capricciosa. (Offenbach, André.)
Field, Reviens, reviens. Cavatine. (Leipzig, Breitkopf u. Härtel.)
Schulhoff, Souvenir de Kieff. Op. 39. (Leipz., Senff.)
Weber, C. M. v., Rondo in Es. Op. 62. (Berlin, Schlesinger.)

Händel, 8 Suites. Cah. 1—8. (Leipzig, Peters.)
Gade, Aquarellen; kleine Tonbilder. Heft 2. Capriccio. Romanze. Intermezzo. Noveletto. Scherzo. Op. 19. (Leipzig, Kistner.)
Mozart, Fantaisie in C. (Bei vielen Verlegern.)
Bach, J. S., Toccata. Emoll. (Pianoforte - Album Leipzig, Gumprecht und andern Verlegern.)
Bennet, W. St., Drei Romanzen. Op. 13. (Leipzig, Kistner.)
Stegmayer, Trois Impromptus. Op. 25. Nr. 1—3. (Ebend.)
Thalberg, Grandes Valses brillantes. Op. 47. (Ebend.)
Vollweiler, Nocturne. Op. 21. Barcarolle. Op. 22. Gigue. Op. 23. (Ebend.)
Willmers, Nordische Nationallieder. (Dänische, Norwegische, Schwedische) mit freier Benutzung der Original-Melodien übertragen. Op. 29. (Ebd.)
Bennett, W. St., Introduction et pastorale. Nr. 1. Op. 28. (Ebend.)
—— Rondino. Op. 28. Nr. 2. Caprice. Nr. 3. Op. 28. (Ebend.)
Evers, C., Six Poesies. Nr. 1. Nocturne. Nr. 2. La Revolution. Nr. 3. Insouciance. Nr. 4. La foire. Nr. 6. Andante religioso. (Ebend.)
—— Elegie am Grabe Felix Mendelssohn-Bartholdy's. Op. 61. (Ebend.)
Heller, St., Dix Pensées fugitives. d'après Heller et Ernst. Nr. 1—10. (Ebend.)

Heller, St., Spaziergänge eines Einsamen. 6 Charakterstücke. Heft 1. 2. Op. 78. (Leipzig, Kistner.)
Krüger, W., Rondeau pathétique. Op. 30. (Ebend.)
Kullak, Th., Lieder aus alter Zeit, für das Pianoforte gesetzt. 6 Hefte. Op. 80. (Ebend.)
—— Petrarca an Laura. 3 Klavierstücke. Op. 84. (Ebend.)
—— Hymne für Pianoforte. Op. 85. (Ebend.)
Lacombe, L., Deux Nocturnes. Op. 50. (Ebend.)
Mayer, Ch., Mosaique. 24 Romantische Stücke. Op. 166. (Ebend.)
—— Six Caprices charactèristiques. Op. 180. Nr. 1—6. (Ebend.)
—— Nouveau Tremolo. (Ebend.)
Mendelssohn-Bartholdy, Ouverture zu Ruy Blas. Op. 95. (Ebend.)
Norman, Vier Phantasiestücke. Op. 5. (Ebend.)
Raff, Romanze. Op. 41. (Ebend.)
Smetana, Six Morceaux caracteristiques. Cah. 1. 2. Op. 1. (Ebend.)
—— Stammbuchblätter. Op. 1. (Ebend.)
Voss, Ch., Zwei Lieder von Kücken übertragen. Nr. 1. Die Thräne. Nr. 2. „Gut' Nacht fahr' wohl." Op. 135. (Ebend.)
—— Blanc et Noir. Gaité et Tristesse. Op. 143. (Ebend.)
Bernsdorf, Miscellen. Vier Stücke. Heft I. Mondnacht auf den Lagunen. Humoreske. Heft II. Walzer. Tarantella. (Ebend.)

Doctor, F. E., Tarantelle. Op. 26. (Leipzig, Kistner.)
—— Mazurka. Op. 28. (Ebend.)
Eschmann, Romanze u. Allegro. Op. 24. (Ebend.)
—— Tagebuchblätter. Vier Klavierstücke. Op. 26. (Ebend.)
Jungmann, Im Walde. Fantaisie über das Lied: "Wer hat dich du schöner Wald" von Mendelssohn-Bartholdy. Op. 43. (Ebend.)
Krüger, W., 8 Valses charactèristiques. Nr. 1—8. Op. 31. (Ebend.)
Riccius, Fünf melodische Stücke. Abends auf dem Wasser. Ständchen. Traüerzug. Reigen. Elegie. Op. 25. (Ebend.)
Bache, F. E., Souvenirs d'Italie. 8 Morceaux. Nr. 1. Toujours gai. Marche gracieuse. Nr. 2. Madelaine. Romanze. Nr. 3. Bon Matin. Bluette. Nr. 4. Sur les Lagunes. Barcarole-Etude. Nr. 5. L'Allegresse. Presto capriccioso. Nr. 6. Rève d'une Villageoise. Chant pastoral. Nr. 7. Dors mon enfant. Berceuse. Nr. 8. Fète Napolitaine. Morceau de Fantaisie. Op. 19. (Ebend.)
Henkel, H., Rhapsodie. Op. 16. (Ebend.)
—— Nocturne. Op. 17. (Ebend.)
Meyer, Ch., L'amour qui revient. Valse. Etude melodique. Op. 230. (Ebend.)
—— Romance sentimentale. Op. 244. Humoresque Op. 245. Un doux régard. Valse-Etude melancolique. Op. 247. (Ebend.)
Bache, F. E., "The harp that once thrò Taràs-

halls." Rêverie caracteristique sur une Melodie Irlandaise. Op. 14. (Leipzig, Kistner.)

Jodassohn, Vier Salonstücke. Op. 3. (Ebend.)

Czerny, C., Toccata ou Exercice. Op. 92. (Ebend.)

Markull, „Auf der Reise." Phantaisiestücke. 3 Hefte. Op. 45. (Ebend.)

Vierling, 3 Pieces caracteristiques. Op. 16. (Ebend.)

Moscheles, 50 Präludien in den verschiedensten Dur- und Moll-Tonarten mit beigefügtem Fingersatze, zum Gebrauch für Lehrer und Selbststudirende als Vorspiele zu Tonstücken, sowie als Vorübungen zu des Verfassers Pianoforte-Studien. Op. 73. (Ebend.)

O 'Leary, A., Zwei Klavierstücke. Op. 2. (Ebend.)

Voss, Ch., Bouzy Imperial. Grande Polka. Op. 204. (Ebend.)

Wagner, E. D., Fleurs du printemps, Trois petits caractéristiques: Tarantelle, Campanello, Notturno. Op. 25. (Ebend.)

Wollenhaupt, Grande Marche militaire. Op. 31. Grande Valse brillante. Op. 33. Caprice fantastique. Op. 35. (Ebend.)

Egghard, J., Scherzo. Op. 60. Volkslied aus Thüringen. Transscription. Op. 61. Rondo militaire. Op. 62. (Ebend.)

Mayer, Das Veilchen. Romanze. Op. 248. Valse melancolique. Op. 249. Le Murmure. Impromptu. Op. 250. (Ebend.)

Schachner, Sourvenis de Deepdene. Impromptu et Air triomphale. Deux Morceaux, Op. 31. (Ebd.)

Struth, Arabische Märchen aus Tausend und eine Nacht. Op. 82. Nr. 1—3. (Ebend,)
Benedict, J., Rondoletto brillant à la Polka. Op. 55. (Leipzig, Senff.)
Dreyschock, A., La Fontaine. Romance. Op. 96. (Ebend.)
—— Rostlose Liebe. Characterisches Stück. Op. 112. (Ebend.)
—— Aus der Ferne. Fantasiestück. Op. 114. (Ebd.)
Heller, St., Cinquième Tarantelle. Op. 87. (Ebd.)
Krüger, W., Ines II. Polka-Mazurka Op. 21. (Ebd.)
—— Le Chant du Soir. Melodie-Etude. Op. 22. (Ebend.)
—— Le Chant du Matin. Poème-Etude. Op. 23. (Ebend.)
Mayer, Ch., L'hirondelle. Galop. (Leipzig, C. A. Klemm.)
Schubert, Fr., Fünf Klavierstücke. Aus seinem Nachlasse. Einzeln Nr. 1—5. (Ebend.)
Wollenhaupt, Six petits morceaux caracteristiques. (Etude. Idylle. Etude eroica. Scherzino. Impromptu. Feuillet d'Album. (Ebend.)
Mayer, Ch., Chant bohémien varié. Op. 292. (Leipzig, Siegel.)
—— Mazurka pathétique. Op. 294. (Ebend.)
—— Bouquet des Roses. Trois Bagatelles. Op. 311. (Ebend.)
Spindler, Fr., Glockentöne. Tonstück. Op. 110. (Ebend.)
—— Murmelnder Bach. Tonstück. (Ebend.)

Dreyschock, Allegro appassionato. Op. 119. (Leipzig, Siegel.)
Voigt, J., Allegro. Op. 46. (Ebend.)
Dreyschock, Nocture. Op. 102. Scherzo. Op. 107.
Une Suite de trois Nocturnes. Op. 120. (Ebend.)
Jadassohn, Mazurka brillante. Op. 19. (Ebend.)
Krug, D., Echo aus dem Tyrolergebirge. 3 Pastoralfantaisien über Tyrolerlieder. Op. 113. (Ebd.)
Krüger, W., Ancien. Menuet. Op. 71. (Ebend.)
—— Chanson de la Veileé. Scene rustique. Op. 74. (Ebend.)
Mayer, Ch., 6me Valse-Etude. Op. 116. (Ebend.)
—— Rêverie poétique. Op. 191. (Ebend.)
—— Tyroliénne sentimentale. Op. 212. (Fbend.)
—— Quatre fleurs. Morceaux élégants. Nr. 1. Narcisse. Nr. 2. Le Muguet. Nr. 3. L'Astre. Nr. 4. Coquelicot. (Ebend.)
—— trois Pensées fugitives. Op. 273. (Ebend.)
—— Mignons. Trois Morceaux grazieux. Op. 279. (Ebend.)
Naus, Variationen über das Thüringer Volkslied: „Ach, wie ists möglich dann." Op. 11. (Ebend.)
Pathe, Gedenke mein. Tondichtung. Op. 67. (Ebend.)
Struth, Poëme d'amour. Rêverie sentimentale. (Ebend.)
Taubert, Heimliche Fahrt. Op. 121. Nr. 3. (Ebend.)
Tedesco, Der Abendstern. Op. 86. Nr. 1. (Ebend.)
Handrock, 9 Waldlieder. (Waldesgruss. Waldquelle. Jägerlied. Waldvögel. Stille Blumen. Im Eich-

walde. Waldcapelle. Zigeuner im Wald. Abschied) Op. 2. (Leipzig, Kahnt.)
Hondrock, Reiselieder für das Pianoforte. (Aufbruch. Auf der Landstrasse. Auf dem See. Auf die Berge.) Op. 6. (Ebend.)
Spindler, Fr., Jägerlied mit Echo. Op. 26. (Ebd.)
Heller, St., Rondino brillant sur la Cavatine: Pauve Couturière de l'Opera: Les Treize de Halevy. Op. 15. (Leipzig, Breitkopf u. Härtel.)
Tschirsky, Coeur-As. (Halle, Karmrodt.)
Oesten, Oerles d'Italie. 6 Morceaux élégants sur des Thêmes favoris. Op. 57. (Bonn, Simrock.)
—— Perles Allemandes. 6 Fantaisies élégantes sur des Airs Allemands favori. Nr. 1—6. Op. 62. (Ebend.)
—— Drei Märchen-Fantaisien. Nr. 1—3. Op. 73. (Ebend.)
Ravina, Nocturne in Des. Op. 13. (Ebend.)
Schubert, C., Une Perle d'Italie. Fantaisie élégant. Op. 133. (Ebend.)
Meyer, Ch., Romaneske. Op. 184. (Ebend.)
Oesten, Klänge der Liebe. 8 melodische Tonstücke. Op. 100. (Ebend.)
—— Salonfantasien. Nr. 1—6. Op. 63. (Ebend.)
Ascher, J., Pepita. Polka. Op. 13. Sur le Lac. Barcarolle. Op. 13. Les Hirondelles. 2e Caprice-Etude. Op. 15. Thême russe (La Sarafare rouge.) Caprice. Op. 16. (Leipzig, Hofmeister.)
Dobrzynski, J. F., Ricordanze. Op. 49. (Ebend.)
Dreyschock, A., Ballata. Op. 72. (Ebend.)

Gutman, 2 Nocturnes. Op. 8. Chamboursi. Grande Valse. Op. 15. Au bord du Ruisseau. Melodie. Op. 17. Marche hongroise. Op. 22. Berceuse. Op. 28. Nord et Midi. 2 Rêveries Tourbillon, Galopp brill. Op. 37. Le Véveil des Osieaux. Idylle. (Leipzig, Hofmeister.)

Jungmann, Ländliche Scenen. 2 Idyllen. Op. 80. Südländisches Liebeslied. Op. 82. (Ebend.)

Lysberg, La Napolitana. Etude de Légèreté. Op. 26. Le Hamac. Berceuse. Op. 40. Danse arménienne. Op. 42. Valse brillante. Op. 48. La Baladine. Caprice. Op. 51. Chant d'Appenzell. Bluette brillante. Op. 54. (Ebend.)

Meyer, Ch., Variations sur un air russe („Seht ihr drei Rosse") Op. 41. Introduction Variations et Finale sur un air russe (Der rothe Sarafan.) Op. 48. Air italien varié. Op. 76. Frühlingslied. Op. 79. (Ebend.)

O 'Kelly, Fantaisie brillant sur une Melodie. (La Truite) de. Fr. Schubert. Op. 6. (Ebend.)

Lührss, C., Barcarolle. (Leipzig, Senff.)

Mendelssohn-Bartholdy, Zwei Klavierstücke. Nr. 1. Andante cantabile. Nr. 2. Presto agitato, (Ebd.)

Rosellen, H., Oberon. Fantaisie sur l'Opera de Weber. Op. 156. La Priére à la Madonne de Gordigiani. Méditation. Op. 157. Fête champêtre. Pastorale. Op. 159. Les Noces de Figaro, Opera de Mozart. Grande Fantaisie. Op. 163. Chanson napolitaine transcrite et variée. Op. 164. (Leipzig, Hofmeister.)

Spindler, Fv., Blätterrauschen. Klavierstück. Op. 25. Elfen. Klavierstück. Op. 71. Rhapsodie. Op. 81. Stiller Abend. Tonstück. Op. 95. (Leipzig, Hofmeister.)
Tedesco, Reminiscenses de la Russie. Airs nationaux. Op. 30. Salut vienne. Grande Valse brillante. Op. 104. (Ebend.)
Tomascheck, 6 Eglogues en forme de Danses pastorales. (Ebend.)
Vilbae, Capri. 2 Morceaux caracteristiques. Op. 8. (Ebend.)
Voss, Ch., Douce Souvenance. Fantaisie-Romance. Op. 213. (Ebend.)
Wallace, Graziella. Nocturne. Op. 49. Polka russe. Op. 50. (Ebend.)
Wehle, Ch., Poème d'Amour. Romance. Op. 6. (Ebend.)
Wehli, Chant d'Oiseau. Etudes de Trilles. Op. 1. (Ebend.)
Wéls, Ch., La Harpe eolienne. Morceau de Salon. Op. 24. (Ebend.)
Delioux, Fandango. Op 48. Barcarolle. Op. 50. Caprice neapolitain. Op. 52. (Erfurt, Bartholomaeus.)

Vierhändig.

Spohr, Notturno. Op. 34. (Leipzig. Peters.)
—— Quartett aus Gmoll. (Op. 4. Nr. 2.) arr. p. Schlums. (Leipzig, Breikopf u. Härtel.)
Hummel, Notturno. Op. 99. (Leipzig; Peters.)

Onslow, Grande Sonate (Emoll). Op. 7. Grande Sonate (Fmoll). Op. 22. (Leipzig, Breitk. u. Härtel.)
Mozart, Sonate. Nr. 3 in F. (Leipzig, Peters.)
—— Fantaisie Nr. 1 in Fmoll. Fantaisie Nr. 2. (Ebd.)
Moscheles, Rondo brillant. Op. 30. (Wien, Spina.)
Clementi, 6 Sonaten. (Leipzig, Breitk. u. Härtel.)
Gade, N. W., Drei Klavierstücke in Marschform. Op. 18. (Leipzig, Peters.)
Schumann, Bilder aus Osten. Sechs Impromptus. Op. 66. (Leipzig, Kistner.)
Mayer, Variations. (Air russe.) Op. 48. (Leipzig, Hofmeister.)
Moscheles, Romance et Tarantelle. Op. 101. (Ebd.)
Mozart, Simphonien Nr. 1—12. (Leipzig. Breitkopf u. Härtel.)
Ries, F., Air portugais av. Variat. Op. 108. (Bonn, Simrock.)
Léfébure-Wely, Ecole concertante. Collection de Morceaux, Etudes, Piéces characteristiques. Nr. 1. Scherzo pastorale. Nr. 2. Berceuse. Nr. 3. Marche. Nr. 4. Thême varié. Nr. 5. Andante. Nr. 6. Scherzo-Chasse. (Mainz, Schott.)
Talexy, Fantaisie brillante sur des Noces de Jeanette de Massé. (Mainz, Schott.)
Schumann, 12 Stücke. Nr. 1. Geburtstagsmarsch. Nr. 2 Bärentanz. Nr. 3. Garten-Melodie. Nr. 4. Beim Kränzewinden. Nr. 5. Kratenmarsch. Nr. 6 Trauer. Nr. 7. Turniermarsch. N. 8. Reigen. Nr. 9. Am Springbrunnen. Nr. 10. Versteckens. Nr. 11.

Gespenstermährchen. Nr. 12. Abendlied. Op. 85. (Leipzig, Schuberth u. Co.)
Meyer, Ch., Arabesques. Douce Morceaux élégants. Op. 207. (Dresden, Friedel.)
—— Ch. Tarantella. Op. 231. (Leipzig, Kistner.)
Schumann, Andante und Variationen. Op. 48. (Leipzig, Breitkopf u. Härtel.)
Mendelssohn-Bartholdy, Marche tirée du Capriccio Op. 22. p. F. L. Schubert. (Ebend.)
Wallace, La Petite Polka de Concert arr. Op. 13. (Leipzig, Schuberth u. Co.)
—— 1re Polka de Concert arr. Op. 48. (Ebend.)
Gade, N. W., Nordische Tonbilder. 3 Fantasien. (Elberfeld, Arnold.)
Schubert, Fr., Deutsche Tänze und Ecossaisen. Op. 33. (Wien, Witzendorf.)
Schubert, Fr., Trois Marches militaires. Op. 51. 3 Marches héroiques. Op. 40. 4 Polonaises. Op. 75. (Wien, Spina.)
—— Variations. (Théme de Marie de Herold.) Op. 82. (Wien, Haslinger.)
—— Andantino varié et Rondeau brillant, Motifs origenaux français. Nr. 1. 2. Op. 84. (Wien, Spina.)
—— Grand Rondeau. Op. 107. (Wien, Artaria.)
—— 2 Marches caractéristiques. Op. 121. (Wien. Spina.)
—— Notre Amitié est invariable. Rondeau. Op. 138. (Ebend.)
Schumann, Ball-Scenen, 9 characteristische Stücke.

(Préambule, Polonaise, Walzer, Ungarisch, Française, Mazurek, Ecossaise, Walzer, Promenade.) Op. 109. (Leipzig, Schuberth u. Comp.)

Bertini, Grand Duo. (Motifs du Stabat mater de Rossini.) (Mainz, Schott.)

Cramer, J. B., Sonate. Op. 57. (Leipzig, Breitkopf u. Haertel.)

—— Souvenir de Naples. Tarantelle. Op. 90. (Mainz, Schott.)

Fesca, A., Souvenir à Henselt. 3 Morceaux. Op. 7. (Braunschweig, Litolff.)

Herz, H., Recréations musicales. Rondeaux, Variations et Fantaisies sur 24 Thêmes. Op. 71. Divisées en 8 Suites. (Mainz, Schott.)

Lickl, Variations. (Au clair de la lune.) Op. 23. (Wien, Haslinger.)

Mendelssohn-Bartholdy, Grand Duo d'après le Quatuor. Op. 3. (Leipzig, Hofmeister.)

—— Grande Sonade d'après le Quatuor. Op. 12. (Edend.)

—— 6 Lieder ohne Worte Op. 19. (arr. v. Czerny.) (Bonn, Simrock.)

—— 6 Lieder ohne Worte Op. 20. (arr. v. Czerny.) (Ebend.)

Haydn, J., 12 Symphonien. (Leipzig, Breitkopf u. Härtel.)

Herz, H., Marche mexicaine. (Mainz, Schott.)

Berger, L., 3 Marches. Op. 45. (Leipzig, Hofmeister.)

—— Rondeau. (Em.) Op. 47. (Ebend.)

Croisez, La fête des Gondoles. Divertissement venetien. Op. 85. (Leipzig, Hofmeister.)
Czerny, Variations sur un thême favori (So wollen wir auf kurze Zeit) de l'Opera: Hans Heiling de Marschner. Op. 329. (Ebend.)
Beethoven, Phantasie mit Chor. arr. p. F. L. Schubert. Op. 88. (Leipzig, Breitkopf u. Härtel.)
Gluck's Opern. Iphigenie in Aulis. Iphigenie in Tauris. Alceste. Armida. Orpheus arr. v. F. L. Schubert. (Ebend.)
Haydn, 3 Quatuors. Nr. 1—3. Op. 50. 3 Quatuors. Op. 66. arr. (Ebend.)
—— Trios arr. Nr. 1—5. (Ebend.)
Kalkbrenner, Grande fantaisie sur le Cor des Alpes. Melodie de Proch. Op. 147. (Ebend.)
Beethoven, Grand Septuor arr. Op. 20. (Leipzig, Peters.)
Ries, F., Sonate. Op. 47. (Ebend.)
Schneider, Fr., Ouverture aus der Königseiche. Ouverture über den Dessauer Marsch. (Ebend.)
Mozart, Ouverturen: Don Giovanni, Zauberflöte, Cosi fan tutte, Schauspieldirektor, Figaro. La Villanella rapita. (Bei vielen Verlegern erschienen.)
Kalliwoda, Ouverturen. Op. 38. 44. 55. 56. 76. 85. 101. 108. 126. (Leipzig, Peters.)
Weber, C. M., Ouverture zu: Der Beherrscher der Geister, arr. v. M. Schmidt. (Ebend.)
—- Ouverturen: Freischütz, Oberon, Preciosa, Euryanthe. (Berlin, Schlesinger.)

Gutmann, Le Tourbillon. Galop brillant. Op. 37. (Leipzig, Hofmeister.)

Marks, Trois fantaisies des Operas de Bellini Suite de l'Oeuvre 32. Trois fantaisies tirées des Operas de Donizetti. Op. 96. (Ebend.)

Wagner, E. D., Der Freischütz. Fantasie über die Scene in der Wolfsschlucht von C. M. v. Weber frei übertragen. Op. 17. (Leipzig, Klemm.)

Spohr, Faust. Oper. Jessonda, Oper. (Leipzig, Peters.)

Weber, Der Freischütz, Oper. Oberon, Oper. Preciosa, Oper. (Berlin, Schlesinger.)

Anmerk. Einzelne Stücke dieser Opern gehören auch dem zweiten Stadium an. Ueberhaupt sind vierhändige Bearbeitungen grösserer Werke in kein bestimmtes Stadium zu bringen.

Das vierte Stadium des Pianofortespielens, in das derjenige, welcher sich zum Künstler bilden will, eintreten muss, zu welcher Höhe sich jedoch auch viele Dilettanten emporschwingen, erfordert wiederum das Einüben der dazu passenden Etuden, wodurch die technische Fertigkeit gewiss erlangt werden kann. Es sollen hier die vorzüglichsten angeführt werden.

Cramer, J. B., Etudes en 42 Exercices doigtés dans le differents tons. (Bei vielen Verlegern erschienen.)

Schmitt, A., Etudes. Op. 19 und Op. 67. 18 Studien. (Leipzig, Hofmeister.)

Müller, A. E., Caprices. (Bonn, Simrock.)

Wolff, E., 24 grandes Improvisations ou Etudes. Op. 100. (Leipzig, Breitkopf u. Härtel.)

Thalberg, S., Etudes. Op. 26. Nr. 1. 2. (Ebend.)

Chopin, F., 12 Etudes. Liv. 1. 2. Op. 25. (Ebend.)

Bach, J. S., Das wohltemperirte Klavier. 48 Präludien und 48 Fugen durch alle Dur- und Molltonarten. 2 Theile. (Ebend.)

Mayer, Ch., 6 Etudes. Op. 55. Trois grandes Etudes. Op. 61. (Leipzig, Hofmeister.)

Czerny, Der Pianist im classischen Style. 48 Präludien und Fugen in allen 24 Dur- und Molltonarten, als Vorstudien des vollkommenen Vortrags aller classischen Tonwerke. 4 Hefte. Op. 856. (Leipzig, Kistner.)

Paganini, Grandes Etudes, transcrites par F. Liszt. Separées Nr. 1—5. (Leipzig, Breitkopf u. Härtel.)

Kalkbrenner, Etudes. Op. 108. (Methode de Piano.) (Leipzig, Kistner.)

Ries, F., Exercices. (Bonn, Simrock.)

Moscheles, Studien zur höheren Vollendung bereits ausgebildeter Klavierspieler, bestehend aus 24 charakteristischen Tonstücken in den verschiedenen Dur- und Moll-Tonarten mit beigefügtem Fingersatze und erklärenden Bemerkungen über den Zweck und Vortrag derselben. Op. 70. 2 Hefte. (Leipzig, Kistner.)

Clementi, Gradus ad Parnassum, ou l'art de jouer le Piano, démontré par des Exercices. Volumes I. II. III. (Leipzig, Breitkopf u. Härtel.)

Henselt, Etudes. Op. 5. (Leipzig, Breitk. u. Härtel.)
—— 12 Etudes caractéristiques de Concert. Op. 2. Cah. 1. (Nr. 1-6.) Cah. 2. (Nr. 7-12.) (Lpz., Hofmeister.)
Krüger, W., Die sechs Tage der Woche. Eine Sammlung täglicher Uebungen als nothwendiger Anhang aller Pianoforteschulen, genehmigt vom Conservatorium der Musik zu Paris. 3 Lieferungen. Op. 32. (Leipzig, Kistner.)

Wer diese Werke zu bewältigen im Stande ist, gelangt zu einer solchen immensen technischen Fertigkeit, dass gewiss keine Schwierigkeiten mehr zu überwinden sind, und das Augenmerk kann nun vollständig auf einen geschmackvollen Vortrag gerichtet werden. Zur genussreichen Unterhaltung bieten nachfolgende Werke hinreichenden Stoff. Mag es Manchem scheinen, als ob darin Werke angeführt sind, welche in das 3. Stadium gehören, so sind dies jedoch nur solche, welche geistig schwieriger aufzufassen und daher eine vollständige Beherrschung der Technik erfordern.

Beethoven, 3 Sonates. Op. 29. (Wien, Haslinger.)
—— Sonate pathétique. (Ebend.)
—— Sonata quasi una fantasia. Op. 27. (Leipzig, Klemm.)
—— 32 Variations. (Cm.) Op. 36. (Wien, Haslinger.)
—— 2tes Concert in B. Op. 19. (Ebend.)
—— Grand Septuor. Op. 20. arr. p. Liszt. (Leipzig, Schuberth u. Co.)
Chopin, F., Allegro de Concert. Op. 56. (Leipzig, Breitkopf u. Härtel.)
—— Ballade. Op. 47. (Ebend.)

Chopin, F., Grande Fantaisie (Airs Polonais.) Op. 13. (Leipzig, Kistner.)
—— Krakowiak, Rondeau de Concert. Op. 14. (Ebd.)
—— Scherzo. Op. 20. (Leipzig, Breitkopf u. Härtel.)
—— Second Concert (Fmoll). Op. 21. (Ebend.)
Henselt, A., Andante et Etude concertante. Poëme d'Amour. Op. 3. (Berlin, Schlesinger.)
—— Liebeslied. Etude (in B). (Leipzig, Breitkopf u. Härtel.)
Herz, H., Rondeau brill. (Air de la Neige d'Auber). Op. 14. (Leipzig, Kistner.)
—— Variations de Bravoure (Romance de Joseph „A peine au sortir"). Op. 20. (Wien, Spina.)
Hiller, Caprice fantastique. Morceau de Concert. Op. 10. (Bonn, Simrock.)
—— La Danse de Fantômes (Der Geistertanz). Caprice. (Berlin, Schlesinger.)
Hummel, J. N., Concert in Amoll. Op. 85. (Wien, Haslinger.)
—— Concert in Hmoll. Op. 89. (Leipzig, Peters.)
—— Grande Sonate brillant. Op. 106. (Wien, Spina.)
Kalkbrenner, Gage d'Amitié, grand Rondeau. Op. 66. (Wien, Spina.)
—— Les Charmes de Berlin, grand Rondo brillant. Op. 70. (Ebend.)
—— Le fou. Scene dramatique. Op. 136. (Leipzig, Breitkopf u. Härtel.)
Liszt, Fr., Grand Galop chromatique. Op. 12. (Leipzig, Hofmeister.)

Liszt, Fr., Mélodies hongroises d'après F. Schubert. (Wien, Spina.)

Liszt, Thalberg, Pixis, Herz, Czerny, Chopin, Hexameron. Morceau de Concert. Grande Variat. (Marche des Puritains.) (Wien, Haslinger.)

Marschner, H., Introduction et Variations brill. („Im Herbst, da muss man trinken.") Op.♯ 48. (Leipzig, Hofmeister.)

Mayer, Ch., 1er grand Rondeau (in Des). (Bonn, Simrock.)

Mendelssohn-Bartholdy, Lieder ohne Worte. 1stes Heft Op. 19. 2s H. Op. 30. 3s H. Op. 38. (Ebend.)

Moscheles, Sonate melancholique. Op. 49. (Berlin, Schlesinger.)

—— 3 Allegri di Bravoura. La forza, la Leggerezza, et il Capriccio. Op. 51. (Leipzig, Peters.)

Pixis, J. P., Les trois Clochettes. Rondeau brill. Op. 120. (Leipzig, Hofmeister.)

Taubert, 12 Etudes de Bravoura. Op. 40. (Leipzig, Peters.)

Thalberg, Impromptu (Thêmes de l'Opera: Le Siège de Corinth). Op. 3. (Wien, Artaria.)

—— Hommage à Rossini (Motifs de l'Opera: Guillaume Tell) variées. (Ebend.)

—— 2 Nocturnes. Op. 16. (Wien, Haslinger.)

—— Divertissement sur des Soirées musicales de Rossini. Op. 18. (Mainz, Schott.)

—— Grande Nocturne (in Fis). Op. 35. (Leipzig, Schuberth u. Co.)

Thalberg, La Romanesca. Fameux Air de Danse du 16me Siecle, Op. 36. (Berlin, Schlesinger.)
Liszt, Er., Ungarischer Sturmmarsch. (Ebend.)
Rubinstein, 3 Serenades. Op. 22. (Leipzig, Breitkopf u. Härtel.)
—— Salonstücke. Nr. 1. Cracovienne. Nr. 2. Polonaise. Nr. 3. 2 Lieder ohne Worte. Nr. 4. Mazurka Nr. 5. Cavalerie-Marsch. (Hamburg, Cranz.)
Weber, C. M. v., Rondo brillant (in Es). Op. 62. (Berlin, Schlesinger.)
—— Polacca brillant (in Es). Op. 72. (Ebend.)
Blumenthal, J., Viva l'Aria fresca. Fantaisie de Concert. Op. 36. (Mainz, Schott.)
Kullak, Th., Rêve. Piece de Salon. Op. 4. (Berlin Schlesinger.)
Reissiger, C. G., Rondeau brillant. Op. 83. (Leipzig, Klemm.)
Wallace, 3eme Polka de Concert. Op. 72. (Leipzig, Schuberth u. Co.)
Gutmann, Fantaisie brillante sur des Motifs d'Oberon de C. M. v. Weber. Op. 6. (Mannheim, Heckel.)
Mendelssohn-Bartholdy, Capriccio. Op. 5. (Berlin, Schlesinger.)
Weber, C. M. de, Quatre grandes Sonates, Nr. 1 in C. Op. 24. Nr. 2 in As. Op. 39. Nr. 3. Dmoll. Op. 49. Nr. 4. Emoll. Op. 70. (Ebend.)
Bott, Polka di Bravoura. Op. 4. (Kassel, Scheel.)
Döhler, 12 Etudes de Concert. Op. 30. (Mainz, Schott.)

Dupont, Le Staccato perpétuel. Grande Etude de Concert. Op. 31. (Leipzig, Breitkopf u. Härtel.)

Prudent, Miserere du Trovatore de Verdi. Op. 55. (Mainz, Schott.)

—— Folle. Etude. Op. 56. (Ebend.)

—— Orphée de Gluck. „J'ai perdu mon Eurydice." Transscription. (Ebend.)

Raff, Tannhäuser v. Wagner. Fantaisie. (Leipzig, Schuberth u. Co.)

Schulhoff, Jeu des Naides. Morceau caracteristique de Parsih-Alvars, transcrit. (Berlin, Horn.)

—— 3me Valse brillante. Op. 48. (Wien, Spina.)

Scarlatti, Katzen Fuge. (Wien, Haslinger.)

Kullak, Th., Saltarella di Roma. Op. 49. (Berlin, Schlesinger.)

Liszt, Fr., Elegie sur des Motifs du Prince Louis de Prusse. (Ebend.)

—— Soirées de Vienne. Valses-Caprices d'après F. Schubert. (Wien, Spina.)

Litolff, La Harpe de l'Eole. Morceau de Salon. Op. 72. (Braunschweig, Litolff.)

Oesten, Th., Soirées élysées. Danses de Concert. Nr. 1. Galope de Bravoura. Nr. 2. Valse élégante. Nr. 3. Polka brillante. Nr. 4. Mazurka de Salon. Nr. 5. Polonaise brillante. Op. 80. (Bonn, Simrock.)

Pauer, La Cascade. Morceau de Concert. Op. 37. (Mainz, Schott.)

Spindler, Fr., Morceau de Salon. Op. 30. (Leipzig, Kahnt.)

Tedesco, 3 Etudes de Concert. Nr. 1. Gondoliere.

Nr. 2. Le Réve de Sylphes. Nr. 3. Danses nuptiales des Cosaques. Op. 60. (Mainz, Schott.)
Thalberg, S., Fantaisie sur la fille du Regiment. Op. 68. (Ebend.)
Waldmüller, Rigoletto. Morceau de Salon. Op. 89. (Wien, Spina.)
Ascher, J., Andante de Salon sur Lucie de Lammermoor. Op. 27. (Mainz, Schott.)
—— Danse espagnole. Fragment de Salon. Op. 24. (Ebend.)
Goria, 1ère Etude de Concert. Op. 7. (Cassel, Luckhardt.)
—— 2e Etude de Concert. Op.8. (Berlin, Schlesinger.)
Liszt, Fr., 2 Stücke aus Wagner's Tannhäuser. (Leipzig, Breitkopf u. Härtel.)
Heller, St., L'Art de phraser Morceaux de Salon. Etudes melodiques. Op. 16. (Berlin, Schlesinger.)
Herz, H., Le Carneval de Venise. Variat. brill. Op. 70. (Mainz, Schott.)
Jaell, Le Carneval de Venise. Variat. burlesqes. Op. 22. (Offenbach, André.)
Kullack, Die Fahnenweihe aus Rossini's Belagerung von Corinth. Paraphrase. Op. 82. (Berlin, Schlesinger.)
Liszt, 3 Caprices-Valses. Nr. 1. Valse de Bravoure. Nr. 2. Valse melancholique. Nr. 3. Valse de Concert sur 2 Motifs de Lucia et Parisina. (Wien, Haslinger.)
Litolff, Tarantelle infernale. Grande Etude de Vélocité. Op. 79. (Magdeburg, Heinrichshofen.)

Schumann, Grande Sonate in Fmoll. Op. 11. (Leipzig, Schuberth u. Co.)

Tedesco, Le Carillon. (Das Glockenspiel.) Etude de Concert. Op. 65. (Hamburg, Jowien.)

Ascher, Danse andalouse. Caprice de Concert. Op. 30. (Wien, Spina.)

Mendelssohn-Bartholdy, Rondo capriccioso. Op. 14. (Ebend.)

Moscheles, Variations sur la Marche favori d'Alexandre I. Op. 32. (Berlin, Bote u. Bock.)

Spindler, Fr., Etude brillante de Concert. Op. 48. (Braunschweig, Litolff.)

Volkmann, 6 Fantasiebilder. (Nachtstück, Idylle, Walpurgisscene, Hexentanz, Humoreske, Elegie.) (Wien, Spina.)

Hummel, J. N., Grande Sonate. Op. 106. (Hamburg, Cranz.)

Thalberg, S., Souvenir de Beethoven. Fantaisie. Op. 39. (Wien, Haslinger.)

—— Fantaisie. (Motifs de Donna del Lago de Rossini.) Op. 40. (Leipzig, Breitkopf u. Härtel.)

Beethoven, Die 5. und 6. Sinfonie bearbeitet von Kalkbrenner. Dieselben auch bearbeitet von F. Liszt. (Ebend.)

Thalberg, Grande Fantaisie. (Serenade et le Menuet de Don Juan.) Op. 42. (Mainz, Schott.)

—— Notturno in Des. (Braunschweig, Spehr.)

Vollweiler, Sonate. Op. 3. (Preissonate.) (Leipzig, Schuberth u. Co.)

Voss, Ch., Morceau de Concert. Thême favori: An Alexis (in Des). Op. 47. (Leipzig, Breitk. u. Härtel.)
—— Transscriptions. Nr. 1. Elegie de Ernst. Nr. 2. Le Carneval de Venise d'après Paganini. Nr. 3. Adelaide de Beethoven. Nr. 4. La Cracovienne en forme d'un Ronde. Op. 51. (Berlin, Bote u. Bock.)

Willmers, Le Rossignol. Thême varié en Trilles. Morceau de Concert. Op. 74. (Wien, Spina.)
—— Makoi — Csárdás. Fameuse Danse nationale hongroise transcrite. Op. 76. (Braunschw., Litolff.)

Raff, Schweizerweisen. Nr. 1. Sehnsucht nach dem Rigi. Nr. 2. Erinnerung. Nr. 3. Kuhreihen zum Aufzug auf die Alp im Frühling. Nr. 4. Sehnsucht und Mein Liebchen: „Des Chüers Mailied." Nr. 5. Sehnsucht nach der Heimath — Was machen? Nr. 6. Kuhreihen der Oberländer und Geisreihen. Nr. 7. Appenzellerlied. Meh das äbbe. „Bin i nett lustige Schwyzebue." Nr. 8. Singt, Schweizer, in der Fremde nie des Heerdenreihens Melodie. Nr. 9. Gruss an's Bethli im Mai. Op. 60. (Leipzig, Schuberth u. Co.)

Blumenthal, La Source. Caprice. Op. 1. (Leipzig, Breitkopf u. Härtel.)

Scarlatti, Sonata in A. (Ebend.)

Herz, H., Variations brillantes sur le Choeur favori de l'Opera: il Crociato in Egitto. (Leipzig, Hofmeister.)

Beethoven, Concerto in Es. Op. 73. (Leipzig, Breitkopf u. Härtel.)

Beethoven, Sonate (Fisdur). Op. 78. Sonate caracteristique (Les Adieux, L'Absence et le Retour). Op. 81. (Leipzig, Breitkopf und Härtel.)
—— Grande Sonate. Op. 7. (Wien, Artaria.)
—— Grande Sonate. Op. 22. 26. 57. (Leipzig, Peters.)
—— Sonate. Op. 90. Sonate. Op. 53. (Wien, Haslinger.)
Mendelssohn-Bartholdy, Capriccio brillant. Op. 22. Rondeau brillant. Op. 29. Concerto. Gmoll Nr. 1. Op. 25. Trois Caprices. Op. 33. Concerto. Dmoll. Op. 40. Ouverture zum Sommernachtstraum. Op. 61. Kriegsmarsch der Priester aus Athalia. Op. 74. (Leipzig, Breitkopf u. Härtel.)
Meyer, C., Tremolo-Etude de Concert. Op. 189. (Leipzig, Siegel.)
Chopin, Variations brillantes. Op. 12. 3 Nocturnes. Op. 15. Rondeau. (Esdur.) Op. 16. 4 Mazurkas. Op. 17. Grande Polonaise Op. 22. 1ère Ballade. Op. 23. 4 Mazurkas. Op. 24. Deux Polonaises. Op. 26. Deux Nocturnes. Op. 27. 1er Impromptu. Op. 29. 4 Mazurkas. Op. 30. Sonate. Op. 35. 2me Impromptu. Op. 36 Deux Nocturnes. Op. 37. 4 Mazurkas. Op. 41. Berceuse. Op. 57. 3 Mazurkas. Op. 56. (Leipzig, Breitkopf u. Härtel.)
—— 4 Mazurkas. Op. 6. 5 Mazurkas. Op. 7. 3 Nocturnes. Op. 9. (Leipzig, Kistner.)
Schumann, Le Carneval. Op. 9. Noveletten. Op. 21. 3 Romanzen. Op. 28. (Leipzig, Breitkopf u. Härtel.)
Thalberg, Fantaisie (Les Hugenots de Meyerbeer).

Op. 20. Grande Fantaisie. Op. 22. Andante. Op. 32. Fantaisie (Moïse de Rossini.) Op. 33. Fantaisie (Oberon de C. M. de Weber.) Op. 37. L'Art du Chant appliqué au Piano, Serie 1. 2. Op. 70. (Leipzig, Kistner.)

Mozarts Sinfonien Nr. 1—6. Solo, bearbeitet von F. L. Schubert. (Leipzig, Breitkopf u. Härtel.)

Henselt, Variations de Concert. (L'Elisire d'amore de Donizetti.) Op. 1. (Ebend.)

—— Tableau musical. Fantaisie caracteristique sur un Air bohèmien — russe et suivie d'une Mélodie champêtre original. Op. 16. (Leipzig, Schuberth u. Co.)

Heller, St., Saltarello über ein Thema der 4. Sinfonie von Mendelssohn-Bartholdy. Op. 77. (Leipzig, Breitkopf u. Härtel.)

Weber, C. M. v., Aufforderung zum Tanz. Sonates. Op. 24. 29. 49. 70. (Berlin, Schlesinger.)

Wallace, 6 Etudes de Salon. Op. 77. (Leipzig, Schuberth u. Co.)

Weber, C. M. v., 5 Memento capriccioso Op. 12. (Mit Fingersatz v. C. Czerny.) (Berlin, Schlesinger.)

Wollenhaupt, 5 Morceaux caracteristiques en forme d'Etudes. (Braunschweig, Litolff.)

Blumenthal, Fleurs emblemat. 3 Morceaux de Salon. Op. 21. (Mainz, Schott.)

Dreyschock, Saltarella. Morceaux de Concert. Op. 43. (Ebend.)

Bennet, W. St., Sonate. Op. 13. (Leipzig, Kistner.)

—— Allegro gracioso. Op. 18. (Ebend.)

Bennett, W. St., Quatrième Concert. Fmoll. Op. 19. (Leipzig, Kistner.)
— Suite des Pièces. Op. 24. (Ebend.)
— Capriccio scherzando. Op. 27. (Ebend.)
Schumann, R., Myrthen. 8 Lieder für Pianoforte übertragen. Op. 25. (Ebend.)
Sokulski, Morceau de Salon. (Ebend.)
— Reminiscences d'Ernani. Morceau dramatique. (Ebend.)
Wielhorski, Fantaisie. Op. 10. (Ebend.)
Willmers, Il Trobadore inspirato. Notturno fantastico. Op. 41. (Ebend.)
— La Sylphide. Caprice-Etude. Op. 49. (Ebend.)
— Reminiscences de l'Opera. Ernani de Verdi. Op. 54. (Ebend.)
— Gruss an Wien. Polka. Op. 50. (Ebend.)
— Trillerketten. Caprice-Etude. Op. 69. (Ebend.)
— La Campanella. Caprice. Op. 59. (Ebend.)
— La Danse des Fées. Caprice de Concert. (Ebend.)
Bennett, W. St., Three Musical Sketches, entitled: The Lake, the Millstream and the Fountain. Op. 10. (Ebend.)
— L'Amabile et l'Appassionata. Deux Etudes caracteristiques. Op. 29. (Ebend.)
Blumenthal, Le sommeil in terrompu. Fantaisie. Op. 24. (Ebend.)
— Un moment heureux. Caprice. Op. 25. (Ebend.)
Evers, C., Fünfte Sonate. Op. 46. (Ebend.)
— La Coquette. Pièce de Salon. Op. 49. (Ebend.)

Rubinstein, Nocturne Nr. 1. Caprice. Nr. 2. Op. Op. 28. (Leipzig, Kistner.)
—— Deux Marches funèbres. Op. 28. (Ebend.)
—— Barcarole. Nr. 1. Allegro appassionate. Nr. 2. Op. 30. (Ebend.)
Voss, Ch., Amour partagé. Une fantaisie Op. 183. (Ebend.)
Wieniawski, J., Deux Idylles. Nr. 1. Epanchement. Nr. 2. La Barque. Op. 1. (Ebend.)
—— Fantaisie et Variations de Concert sur des Motivs de la Sonnambule de Bellini. (Ebend.)
Krüger, Mazurka de Concert. Op. 29. (Ebend.)
—— Galopp caprice de Concert. Op. 33. (Ebend.)
Kullak, Th., Bolero de Bravura. Op. 86. (Ebend.)
Liszt, Harmonies poétiques et religieuses. 7 Cahiers. Liv. I. Nr. 1. Invocation. Nr. 2. Ave Maria. Liv. II. Nr. 3. Benediction de Dieu dans la Solitude. Liv. III. Nr. 4. Pensées des Morts. Liv. IV. Nr. 5. Pater noster. Nr. 6. Hymne de l'enfant à son reveil. Liv. V. Nr. 7. Funérailles. Liv. VI. Nr. 8. Miserere (d'apres Palestrina). Nr. 9. Andante lagrimoso. Liv. VII. Nr. 10. Cantique d'amour. (Ebend.)
Volkmann, Nocturne. Op. 8. (Ebend.)
—— Sonate. Op. 12. (Ebend.)
Willmers, Aus der Geisterwelt. Tremolo-Caprice. Op. 78. (Ebend.)
—— Gondelfahrt. Barcarole. Op. 79. (Ebend.)
Wollenhaupt, Souvenir de Niagara. Grand Divertissement de Bravoure. Op. 34. Valse de Concert. Op. 36. (Ebend.)

Kullak, Th., Deux Valse Caprices. Op. 99. (Leipzig, Kistner.)
—— Sang und Klang. Op. 100. Romance. Op. 102. (Ebend.)
Vogt, Deux Nocturnes. Op. 10. Les deux truites. Morceau. Op. 24. (Ebend.)
Bache, F. E., Feu follet. Second grand Galop brillant. Op. 23. La Penserosa e l'Allegro. Morceaux caracteristiquées. Op. 24. (Ebend.)
Dessoff, Sonate. Op. 3. (Ebend.)
Kullak, Th., Solostücke. Nr. 1. Nocturne. Nr. 2. Abendwind. (Etude.) Nr. 3. Präludium und Lied. Nr. 4. Frühlingsnacht. (Fantasiestück.) (Ebend.)
Jaell, Rigoletto. Illustrations sur un Motif de Verdi. Op. 18. (Leipzig, Senff.)
—— Regrets en quittant la chère Patrie. Nocturne. Op. 82. (Ebend.)
Kullak, Th., St. Gilgen. Barcarolle-Prière. Morceau caracteristique. Op. 95. (Ebend.)
Liszt, Fr., Mazurka brillante. Polonaise Nr. 1. Polonaise Nr. 2. Rhapsodie hongroise. Nr. 1. 2. (Ebend.)
Schumann, R., Waldsamen. Neun Clavierstücke. Op. 82. (Ebend.)
Voss, Ch., La Rose du Nord. Cavatine sans paroles. Op. 180. (Ebend.)
—— La Fleur de Préférence. Fantaisie-Romance. Op. 199. (Ebend.)
Wehle, Tarantelle. Morceau de Concert. Op. 56. (Ebend.)

Wehle, Un Songe à Venise. Reverie. Op. 57. (Leipzig, Senff.)
Wollenhaupt, Polka di Bravoura. Op. 10. (Ebend.)

Vierhändig.

Hummel, J. N., Sonate in As. Op. 92. (Wien, Haslinger.)
Bennet, W. St., 3 Diversions. Op. 17. (Leipzig, Kistner.)
Berger, L., Sonate (Gmoll). Op. 15. (Leipzig, Hofmeister.)
Czerny, Sonate brillante. Op. 10. (Cmoll.) (Wien, Spina.)
Dussek, Sonate in B. (Op. 74.)
—— 3 grandes Sonates (Oeuvres compl. Cah. 7). (Leipzig, Breitkopf u. Härtel.)
Florschütz, Grandes Sonates. Nr. 1. 2. 3. (Leipzig, Peters.)
Kalkbrenner, 1. Sonate in C. Op. 3. (Leipzig, Hofmeister.)
—— Grande Sonate. Op. 79. (Leipzig, Breitkopf u. Härtel.)
Leidesdorf, Sonate brillante. Op. 44. (Ebend.)
Mayseder, Concert-Variationen arr. von Czerny. Op. 14. (Wien, Spina.)
Mendelssohn-Bartholdy, Rondo capriccioso arr. v. Czerny. Op. 14. (Wien, Mechetti.) 3 Fantaisies ou Caprices arr. von Czerny 16. (Ebend.)
—— Capriccio. Op. 22. (Leipzig, Breitkopf u. Härtel.)

Mendelssohn-Bartholdy, Grande Sonate. Op. 47. (Wien, Artaria.)

Schmitt, A., Grande Sonate. Op. 23 (Berlin, Schlesinger.)

Schmitt, J., Le joyeux Matelot. Fantaisie brillante. (Leipzig, Schuberth u. Co.)

Schubert, Fr., 8 Variationen über ein französisches Lied. Op. 10. 3 grandes Marches héroiques. Op. 27. 1ère grande Sonate. Op. 30. Variations. (Thême original. Op. 35. Divertissement à la Hongroise Op. 54. Grande Marche funèbre d'Alexandre I. Op. 55. (Wien, Spina.)
—— 3 Polonaisen. Op. 61. (Wien, Witzendorf.)
—— Divertissement en forme d'une Marche brillante et resonnée. Op. 63. Marche héroique au Sacre de Niclas I. Op. 66. (Wien, Spina.)
—— Grand Duo. Op. 140. Lebensstürme. Charakteristisches Allegro. Op. 144. (Ebend.)

Wolff, Grand Duo brillant sur le Ballet: Giselle de Adam. Op. 58. (Mainz, Schott.)
—— Duo brillant. Op. 26. (Berlin, Schlesinger.)

Wagner, R., Marsch und Chor. (Einzug der Gäste auf der Wartburg) aus Tannhäuser, eingerichtet von H. v. Bülow. (Dresden, Meser.)
—— Tannhäuser. Nr. 1. Einleitung. Der Venusberg. Tanz der Nymphen. Gesang der Sirenen. Nr. 10. Romanze. Wolframs Lied an den Abendstern. (Dresden, Meser.)

Mayer, C., L'Amour qui revient. Grande Valse brillante. Op. 235. (Leipzig, Kistner.)

Mayer, C., Souvenir des Alpes. Tyrolienne variée. Op. 236. (Leipzig, Kistner.)

Wolff, E., Duo brillant sur des Motifs de l'Opera: Martha de Flotow. Op. 216. (Mainz, Schott.)

——. Grand Duo dramatique sur des Motifs de l'Opera: Euryanthe de C. M. de Weber. Op. 217. (Ebend.)

—— Gr. Duo sur des Motifs de l'Opera: Oberon de C. M. de Weber. Op. 221. (Ebend.)

—— Grand Duo, brill, sur des Motifs de l'Opera: Stradella de Flotow. Op. 222. (Ebend.)

—— Gr. Duo de l'Opera: Der Freischütz de C. M. de Weber. Op. 223. (Ebend,)

Liszt, Fr., Fest-Marsch zur Göthe-Jubiläum-Feier (Leipzig, Schuberth u. Co.)

Beethoven, Concerto Edur. Op. 73. (Leipzig, Breitkopf u. Härtel.)

—— Symphonien. Nr. 1. Cdur. Nr. 2. Ddur. Nr. 4. Bdur. Nr. 5. Cmoll. Nr. 6. Fdur (von verschiedenen Bearbeitern). Rondo aus dem Cmoll Concert. Op. 37. (Ebend.)

——. 2. Concert arr. v. Gleichauf. Op. 13. (Leipzig, Peters.)

——. 3. Concert arr. v. J. P. Schmidt. Op. 37. (Leipzig, Hofmeister.)

—— 3. Sinfonie (Eroica) aggiustata da A. E. Müller. Op. 55. in Es. (Leipzig, Peters.)

—— Fantaisie. Op. 80. (Für Pianoforte, Orchester und Chor) arr. von F. L. Schubert. (Leipzig, Breitkopf u. Härtel.)

Beethoven, 7. Sinfonie arr. Op. 92 in A. (Wien, Haslinger.)
—— Wellington's Sieg oder die Schlacht bei Vittoria. Op. 91. (Ebend.)
—— 8. Sinfonie in F arr. Op. 93. (Wien, Haslinger.)
—— 9. Sinfonie av. Choeur final sur l'Ode de Schiller: An die Freude arr. p. Czerny. Op. 125. (Mainz, Schott.)
Bertini, Grand Duo (Motifs du Stabat mater de Rossini.) Op. 140. (Mainz, Schott.)
—— Duo brillant sur le Lac des fées d'Auber. Op. 125. (Ebend.)
Chopin, Fr., Grand Trio p. Pianof. arr. p. F. L. Schubert. Op. 8. Gmoll. (Leipzig, Kistner.)
—— 6 grandes Etudes arr. p. F. L. Schubert. Op. 10. (Ebend.)
—— Concerto arr. p. F. L. Schubert. Op. 11. Emoll. (Ebend.)
—— Second Concert arr. Op. 21 in Fmoll. (Leipzig, Breitkopf u. Härtel.)
Cramer, J. B., 12 novelles Etudes en forme de Nocturnes. Op. 96. Liv. 12. (Leipzig, Schuberth u. Co.)
Czerny, Rondo brillant. (Menuet favori de C. Kreutzer.) Op. 17. (Wien Haslinger.)
—— 2de Rondeau brillant. Op. 23 in G. (Ebend.)
—— Sonate militaire et brillante. Op. 119. (Wien, Spina.)
—— Concerto, sans Accompagnement. Op. 153. (Leipzig, Kistner.)

Czerny, Grand Notturno brillant (avec 2 Cors ad lib.). Op. 165. (Leipzig, Peters.)
—— 3 brillante Fantasien über die beliebtesten Motive aus Fr. Schubert's Werken. Op. 339. (Wien, Spina.)

Henselt, A., Variations du Concert. Motif du Philtre de Donizetti arr. Op. 1. (Leipzig, Breitkopf u. Härtel.)
—— Wenn ich ein Vöglein wär. Etude. Op. 2 Nr. 6. (Leipzig, Hofmeister.)
—— 7 Etuden aus Op. 5. (Leipzig, Breitk. u. Härtel.)
—— Variations de Concert: Quand je quittai la Normandie, de Robert le Diable de Meyerbeer arr. Op. 11. (Ebend.)

[**Herz** et **de Beriot**, Tariatiors concertantes. (Tyrolienne favorie de la fiancée d'Auber) arr. p. F. L. Schubert. Op. 56. (Leipzig, Kistner.)

Herz, H., Variations (Marche favori de Guillaume Tell de Rossini). Op. 55. (Mainz, Schott.)

Hummel, Grand Septuor arr. Op. 73 Dmoll. (Leipzig, Kistner.)
—— Grand Septet militaire arr. Op. 114. (Wien, Haslinger.)

Kalkbrenner, Le fou. Scene dramatique arr. Op. 136. (Leipzig, Breikopf u. Härtel.)
—— Gr. Septuor arr. Op. 132. (Ebend.)

Kalliwoda, 1ère Sinfonie arr. Op. 7. (Ebend.)
—— 2de Sinfonie arr. Op. 7. (Leipzig, Peters.)
—— 5me Sinfonie arr. (Op. 106.) (Ebend.)

Leidesdorf, Sonate brillante. Op. 44. (Leipzig, Breitkopf u. Härtel.)

Louis Ferdinand, Prince de Prusse, Quintetto arr. p. Bierey. Op. 1. (Ebend.)

—— Ottetto arr. p. Horzalka. (Wien, Spina.)

Mendelssohn-Bartholdy, Ottetto p. des Instrumens à Cordes arr. par l'Auteur. Op. 20. (Leipzig, Breitkopf u. Härtel.)

—— 1er Concerto arr. par F. L, Schubert. Op. 25. Gmoll. (Ebend.)

—— 2e Concerto arr. p. Czerny. Op. 40 in Dmoll. (Ebend.)

—— 3e Sinfonie arr. Op. 56. (Ebend.)

—— Andante cantabile et Presto agitato. (Ebend.)

Moscheles, Grand Duo arr. d'après le gr. Septuor. Op. 35. (Leipzig, Hofmeister.)

—— La belle union, Rondeau brillant. Op. 76. (Leipzig, Kistner.)

Moscheles et Mendelssohn-Bartholdy, Variations brill. (Marche Bohémienne tirée du Mélodrame: Preciosa de Weber.) Op. 87b. (Ebend.)

Pixis, J. P., Rondeau à la Hongroise, tirée du 5me Trio p. Pianof. Op. 129. (Leipzig, Hofmeister.)

—— Gr. Caprice dramatique sur des Hugenots de Meyerbeer. Op. 131. (Leipzig, Breitkopf u. Härtel.)

Reissiger, 1re Sinfonie arr. Op. 129. (Berlin, Schlesinger.)

Ries, F., 1re Sinfonie arr. Op. 23. (Leipz., Peters.)

—— 2de Sinfonie arr. Op. 80. (Bonn, Simrock.)

—— 3me Sinfonie arr. Op. 90. (Ebend.)

Ries, F., 4me Sinfonie. Op. 110. 5me Sinfonie arr. Op. 112. (Leipzig, Breitkopf u. Härtel.)
Romberg, A., 1e Sinfonie. Op. 6. 2me Sinfonie arr. Op. 22. (Leipzig, Peters.)
—— 4me Sinfonie alla Turca, ridotta. Op. 51. (Ebend.)
Rosenhain, Fantaisie dramatique. (Themes de l'Opera: La Reine de Chypre..) Op. 35. (Berlin, Schlesinger.)
Schubert, Fr., Sinfonie in C. arr. (Leipzig, Breitkopf u. Härtel.)
Spohr, 1re Sinfonie in Es. Op. 20. 2me Sinfonie in Dmoll. Op. 49. (Leipzig, Peters.)
—— 3me Sinfonie in Cmoll. Op. 78. (Berlin, Schlesinger.)
—— Die Weihe der Töne. Charakteristisches Tongemälde in Form einer Sinfonie. Op. 86. (Wien, Haslinger.)
Moschelés, „Hommage à Händel." Grand Duo. Op. 92. (Leipzig, Kistner.)
Mezart's Clavierconcerte, eingerichtet von Ulrich. (Breslau, Leuckardt.)
Willmers, R., Sérenade érotique. Chanson d'un Troubadour p. la Main gauche seule. Op. 5. (Leipzig, Hofmeister.)
Wehle, Ch., Deuxième grande Sonate. (Leipzig, Siegel.)
Wollenhaupt, Chant des Sirenes. Grande Valse brillante. (Ebend.)
Jaell, A., „L'Absence". 5ème Nocturne. Op. 87. (Ebend.)

Jungmann, Le Chanteur de Romances. Romance varié. (Leipzig, Siegel.)
—— Une Nuit d'Eté Italie. Chanson d'Amour. Op. 95. Erinnerungen. Romance. Op. 112. Vergissmeinnicht. Melodie. Op. 113. La Naïade. Etude de Salon. Op. 137. (Ebend.)
Meyer, Leopold de, L'aurore. Nocturnee. Op. 104. (Ebend.)
Moscheles, Sehnsucht (nach Schillers Gedicht). Fantaisie. Op. 124. (Ebend.)
Reinecke, Andante spinato und Rondo giojoso. Op. 49. Variationen über ein Thema von J. S. Bach. Op. 52. (Ebend.)
Spindler, Fr., Wiesenblumen. 12 Stücke. Heft 1. 2. Op. 65. (Ebend.)
Tedesco, Zigeuners Nachtlied. Klavierstück. Op. 101. „La Rose." Chanson sans Paroles. Op. 105. (Ebend.)
Voss, Ch., Grand Pas et petit Pas. Etude burlesque. Op. 217. (Ebend.)
Wielhorski, J., Mazurka. Op. 27. (Ebend.)
Handrock, Une Fleur de fantaisie. Mazurka de Salon. Op. 12. (Leipzig, Kahnt.)
—— La Grazieuse, Pièce de Salon. Op. 16. (Ebend.)
Wollenhaupt, Grande Valse brillante. Op. 5. La Clochettes. Etude. Op. 16. Deux Polkas de Salon. Nr. 2. La Violette. Op. 14. (Ebend.)
Reinecke, C., Ouverture zu Hoffmann's Kindermärchen vom „Nussknacker und Mausekönig". Op. 46. (Leipzig, Breitkopf u. Härtel.)

Klengel, A. A., Canons et fugues dans tous les tons majeurs et mineurs. En deux parties. (Leipzig, Breitkopf u. Härtel.)

Rubinstein, Trois Sérénades. Nr. 1. 2. 3. Op. 22. (Ebend.)

Schumann, R., Phantasiestücke. Einzeln: Nr. 1. Des Adends. Nr. 2. Aufschwung. Nr. 3. Warum? Nr. 4. Grillen. Nr. 5. In der Nacht. Nr. 6. Fabel. Nr. 7. Traumeswirren. Nr. 8. Ende vom Lied. Op. 12. (Ebend.)

Thalberg, S., L'Art du Chant appliqué au Piano. 1e Serie. Op. 70. Nr. 1—6. Nr. 1. Quatuor de l'Opera: J. Puritam de Bellini. Nr. 2. Tre Giorni, Air de Pergolèse. Nr. 3. Adelaide de Beethoven. Nr. 4. Air d'église du celebre chanteur Stradella. Nr. 5. Lacrimosa tiré du Requiem de Mozart. Duo de Noces de Figaro, Opéra de Mozart. Nr. 6. Perchè mi guardi e piangi. Duetto de Zelmira de Rossini. (Ebend.)

—— L'Art du Chant appliqué au Piano. Op. 70. 2de Serie. Nr. 1. Bella odorata. Romance de l'Opera: Il Giuramenta de Mercadante. Nr. 2. Le Meunier et le Torent tiré des Chansons de la Meunière de Fr. Schubert. Nr. 3. Il mio tesoro, Air de l'Opera: Don Juan de Mozart. Nr. 4. Choeur des Conjourés de l'Opera: Il Crociato de Meyerbeer. (Ebend.)

Czerny, C., Souvenirs des soeurs Milanollo. 2 Fantaisies brill. Nr. 1, Theresa. Nr. 2. Maria. Op. 731. (Bonn, Simrock.)

Heller, St., Capricen, Impromptus und Improvisationen. Nr. 1. Volkslied von Mendelssohn-Bartholdy, Nr. 2. Minnelied. Nr. 3. Sonntagslied von demselben. Op. 72. (Bonn, Simrock.)
—— Op. 73. Nr. 1. Jägerlied. Nr. 2. Soldatenlied. (Des Soldaten Abschied.) Nr. 3. Wiegenlied. (Ebd.)
Mayer, Ch., Fleur de Salon. Nocturne. Op. 144. (Ebend.)
Messer, Das Glockenspiel. (Le Carillon.) Pièce caracteristique. (Ebend.)
Jaell, A., Le Pardon de Ploërmel, Opera de Meyerbeer. 3 Transscriptions. Nr. 1. Choeur villageois. Op. 92. Nr. 2. Romance. Op. 93. Nr. 3. „Obre légére" Air. Caprice-Valse. Op. 94. (Leipzig, Hofmeister.)
Kuhe, Duettino: Mein Herz ich will dich fragen. Lied ohne Worte. Op. 12. Nr. 2. (Ebend.)
—— Das Glockenspiel. Impromptu brillant. Op. 13. (Ebend.)
Dreyschock, A., Invitation à la Polka. Op. 73. (Ebend.)
Hiller, F., 3 Morceaux de Salon. Op. 29. (Ebend.)
Jaell, A., Illustrations de l'Opera: Il Trovadore de Verdi. Op. 38. Serenade italienne. Op. 44. Gebet aus Wagner's Lohengrin übertragen. Op. 47. Gebet aus Wagner's Tannhäuser. Transscription. Op. 38. Prière de l'Opéra: L'Etoile du Nord, variée. Op. 56. Zwei Transscriptionen aus Wagner's Tannhäuser. Nr. 1. Pilgerchor. Nr. 2. Phantasie Wolframs („O du mein holder Abendstern"). Op. 60. (Ebend.)

Kullak, A., La Parade des Voltigeurs. Etude de l'Oeuvre 16. (Leipzig, Hofmeister.)

Liszt, Fr., Reminiscences de Lucia de Lammermoor. Fantaisie dramatique. Op. 13. (Ebend.)

Schumann, R., Impromptu über ein Thema von Clara Wieck. Op. 5. Toccata. Op. 7. (Ebend.)

Tedesco, Grande Valse brillante. Op. 28. Le Carneval de Venise. Op. 29. (Ebend.)

Thalberg, The last Rose of Summer. Air irlandais varié. Op. 73. Lilly Dale. Air americain varié. Op. 74. (Ebend.)

Voss, Ch., Le Lion du Jour. Grand Quadrille de Bravoure. Op. 149. Il Trovatore. Fantaisie brillante. Op. 202. Une belle Viennoise. Melodie et Etude. Op. 247. (Ebend.)

Moscheles, Rondeau brillant sur la Marche des Grenadiers anglais (tiré du 4me Concerto) arrangé par l'Auteur. (Leipzig, Klemm.)

Wagner, R., Tannhäuser Ouverture arr. v. Bülow. (Dresden, Meser.)

Berlioz, Ouverture zu König Lear arr. v. Leibrock. (Braunschweig, Litolff.)

—— Ouverture zum „Corsar" von Bülow. (Winterthur, Rieter-Biedermann.)

—— Ouverture: Les Francs-Juges. (Die heimliche Vehme.) (Leipzig, Hofmeister.)

Wagner, R., Eine Faustouverture. (Leipzig, Breitkopf u. Härtel.)

Will ein Pianoforte-Virtuos öffentlich auftreten und Concerte geben, so bietet ihm die Musikliteratur dazu genug Stoff von Pianoforteconcerten mit Orchesterbegleitung. Es mag dem Geschmacke des Virtuosen anheimgestellt bleiben, von den berühmten Meistern sich diejenigen Stücke zu wählen, bei deren Vortrage er seine technische Fertigkeit und höhere Auffassung zeigen zu können vermeint. Wir führen die bekanntesten Werke älterer und neuerer Autoren, welche zu diesem Zwecke zu empfehlen sind, an.

Concertstücke für das Pianoforte mit Begleitung des Orchesters.

Beethoven, 1er Concerto in C. Op. 15. 3me Concerto in Cmoll. Op. 37. 4me Concerto. Op. 58 in G. (Wien, Haslinger.)

—— 2em. Concerto in B. Op. 19. (Leipzig, Peters.)

Mayer, Ch., Gr. Concerto in D. Op. 70. (Berlin, Paez.)

—— Second Allegro de Concert in Fismoll. Op. 60. (Leipzig, Hofmeister.)

Mendelssohn-Bartholdy, Capriccio brillant in H. Op. 22. (Leipzig, Breitkopf u. Härtel.)

—— Concert in Gmoll. Op. 25. (Ebend)

—— 2me Concerto in Dmoll. Op. 40. (Ebend.)

—— Serenade und Allegro giojoso in D. Op. 43. (Bonn, Simrock.)

Moscheles, 2me Concerto in Es. Op. 56. (Wien, Haslinger.)
—— 3, Concert in Gmoll. Op. 58. (Ebend.)
—— 4em Concerto in E. Op. 64. (Ebend.)
—— 5. Concert in G. Op. 87. (Ebend.)
Beethoven, 5mo Concerto in Es. Op. 73. (Leipzig, Breitkopf u. Härtel.)
Benedict, J., Rondeau brill. Op. 5 in As. (Wien, Spina.)
—— Concertino in As. Op. 18. (Leipzig, Hofmeister.)
—— 2ème Concerto in Es. Op. 29. (Mainz, Schott.)
Benett, W. St., 3me Concerto in Cmoll. Op. 9. (Leipzig, Kistner.)
—— Capriccio in E. Op. 22. (Ebend.)
Chopin, Fr., Grand Concerto in E. Op. 11. (Ebend.)
—— Grande fantaisie. (Airs polonais) in A. Op. 13. (Ebend.)
—— Krakowiak. Gr. Rondeau de Concert in F. Op. 14. (Ebend.)
—— 2ème Concerto in Fmoll. Op. 21. (Leipzig, Breitkopf u. Härtel.)
Hummel, Grand Concerto in Amoll. Op. 85. (Wien, Haslinger.)
—— Grand Concerto in Hmoll. Op. 89. (Leipzig, Peters.)
—— Les Adieux, gr. Concerto in E. Op. 110. (Ebend.)
—— Grand Concerto in As. Op. 113. (Wien, Haslinger.)
Kalkbrenner, 1er gr. Concerto in Dmoll. Op. 61. (Bonn, Simrock.)

Kalkbrenner, 2.de gr. Concerto in Emoll. Op. 85. (Leipzig, Hofmeister.)
—— 3.me Concerto in A. Op. 107. (Leipzig, Kistner.)
—— 4.me Concerto in As. Op. 127. (Leipz., Peters.)

Mozart's Concerte Nr. 1—20. (Leipzig, Breitkopf u. Härtel.)

Pixis, J. P., Gr. Concerto in C. Op. 100. (Wien, Haslinger.)
—— Les trois Clochettes. Rondo brill. in E. Op. 120. (Leipzig, Hofmeister.)
—— Fantaisie militaire in E. Op. 121. (Ebend.)

Ries, F., Concerto in Es. Op. 42. (Leipzig, Peters.)
—— 3.me Concerto in Cismoll. Op. 55. (Bonn, Simrock.)
—— 4.me Concerto in Cmoll. Op. 115. (Leipzig, Kistner.)
—— Abschiedsconzert von England. (Les Adieux de Londres in Amoll.) (Leipzig, Peters.)

Bennet, W. S., Capriccio. Op. 22. (Leipzig, Kistner.)

Schumann, R., Concerto in Amoll. Op. 54. (Leipzig, Breitkopf u. Härtel.)
—— Introduction et Allegeo appassionato. Concertstück. Gdur. Op. 92. (Ebend.)

Dreyschock, Salut à Vienne. Rondo brill. Op. 32. (Mainz, Schott.)

Henselt, Concerto in Fmoll. Op. 16. (Leipzig, Breitkopf u. Härtel.)

Henselt, Variations de Concert. Bdur. Op. 11, (Leipzig, Breitkopf u. Härtel.)

Field, J., Concertos Nr. 1—7. (Ebend.)

Kullak, Concerto. Op. 65. (Ebend.)

Mayer, Ch., Concerto symphonique in D. Op. 89. (Leipzig, Schuberth u. Co.)

Prudent, Concerto symphonie. Op. 34. (Mainz, Schott.)

Willmer's Concertstück. Gr. fantaisie pastorale sur' une Chansonette danoise. Op. 15. (Leipzig, Schuberth u. Co.)

Weber, C. M. v., Concerto in C. Op. 11. (Offenbach, André.)

—— Concerto in Es. Op. 32. (Berlin, Schlesinger.)

—— Concertstück (Larghetto, Allegro, Marcia, Rondo) in F. Op. 79. (Leipzig, Peters.)

Bennet, W. St., 4e Concert. Op. 19. (Leipzig, Kistner.)

Concertstücke dieser Art giebt es zwar sehr viel, wir wollen das Verzeichniss derselben aber nicht zu weit ausdehnen, da unsere jetzigen Virtuosen es nicht lieben, mit Orchester zu spielen; sie ziehen es vor, Werke zu wählen, sogenannte Paraphrasen, die eigentlich nicht zu den Concertstücken zu zählen sind.

Obgleich den Pianofortespielern die in dem vorhergegangenen Verseichniss der Musikalien angegebenen Werke in den verschiedenen Stadien hierdurch empfohlen werden, so bleibt dennoch ein grosses

Feld der Musikliteratur übrig, welches von dem, der sich mit einem Salonstückchen begnügt, unbeachtet bleiben wird. Dies sind die Duetten, Trios, Quartetten, Quintetten u. s. w. für Pianoforte. Es giebt Duos für Pianoforte und Violine, oder Flöte, Horn, Clarinette oder Violoncell; Trios grösstentheils für Piano, Violine und Violoncell; Quartetten für Piano, Violine, Viola (Bratsche) und Violoncell; Quintetten für Piano und Streichquartett. Bei Sextetten, Septetten sind gewöhnlich den Saiteninstrumenten noch Blasinstrumente (Flöte, Clarinette, Horn u. a.) beigegeben. Auch können bei dergleichen Werken die Stimmen der Streichinstrumente durch Blasinstrumente ersetzt werden, indem der Componist doppelte Stimmen beigiebt. Daher heisst es auf dem Titel solcher Werke: Violon ou Flûte, ou Clarinette, Viola ou Cor, Violoncell ou Fagotto (Basson). Somit kann das Pianoforte auch von lauter Blasinstrumenten begleitet werden. In Bezug auf eine gute Auswahl solcher Werke ist ein Wegweiser weniger von Nöthen, da die Componisten, welche in diesem Genre schreiben, gewöhnlich den klassischen Boden betreten haben und die modernen Saloncomponisten sich nicht an solche Erzeugnisse wagen. Von unseren deutschen Componisten ist das Feld dieser Art Musikliteratur sehr reich bestellt, gehören aber grösstentheils einer frühern Periode an, die jedoch nur als veraltet bezeichnet werden kann. Es sollen die anerkanntesten solcher Werke namhaft gemacht werden.

Duetten für Pianoforte und Violine.

Beethoven, 2 gr. Sonates. p. Pianof. et Viol. (ou Violonc.) Op. 5. 3 Gr. Sonates. Op. 12. (Wien Artaria.) Sonate p. Pianof. et Viol. (ou Alto ou Violonc., ou Cor, ou Fl. ou Hautbois). Op. 17. Sonate. Op. 23. 24. 3 Sonates. Op. 30. (Wien, Haslinger.) Gr. Sonate Op. 69. (Leipzig, Breitkopf u. Härtel.) Sonate. Op. 96. (Wien, Haslinger.) 2 Sonates. Op. 102. 12 Variations. (Thème de Händel.) (Leipzig, Peters.)

Benedict et F. David, Gr. Duo Concert sur des Motifs de Oberon. (Mainz, Schott.)

Benedict et Beriot, Duo brill. (Motifs de l'Opera: La Sonnambula de Bellini.) (Ebend.)

Chopin et Franchomme, Gr. Duo Concert. (Thèmes du Robert le Diable.) Op. 15. (Berlin, Schlesinger.)

Clementi, 3 Sonates. Op. 13. 3 Sonates. Op. 15. (Mainz, Schott.)

Czerny, C., 2 Sonates faciles et brill. Op. 51. (Wien, Spina.)

Czerny et Lafont, Le vieux Tambour. Romance variée. (Wien, Artaria.)

Czerny, J., Musikalische Unterhaltungen, eine Auswahl der beliebtesten Stücke aus den neuesten Opern und Ballets. 14 Hefte. (Wien, Witzendorf.)

Diabelli, A., Sonato brill. et facile. Op. 47. Sonatine. Op. 68. L'innocenza. Rondo facile. Op. 124. Hirtenklänge. Op. 159. Musikalische Jugendträume.

Kleine Potpourris aus den neuesten Opern. Op. 162. 20. Hefte. (Wien, Spina.)
Dussek, Sonate. Op. 2. (Leipzig, Peters.) 3 Sonates. Op. 8. 3 Sonates. Op. 12. 6 Sonates faciles. Op. 28. Gr. Sonate. Op. 36. (Leipzig, Breitkopf u. Härtel.)
Haydn, J., Sonaten. No. 1—7. Partiturausgabe. (Ebend.)
Henselt, A., Duo concert. Op. 14. (Wien, Spina.)
Herz et Lafont, Duo et Variat. Op. 18. (Bonn, Simrock.)
—— Amusement. Op. 107. (Mainz, Schott.)
Hummel, Amusement. Op. 108. (Leipzig, Kistner.) 3 Sonates. Op. 5. (Wien, Artaria.) Nocturne. Op. 99. (arr. p. Eichler.) (Leipzig, Peters.) Oberons Zauberhorn. Fantaisie. Op. 110. Gesellschaftsrondo. Op. 117. (Wien, Haslinger.)
Hünten, Fr., Duo. Op. 23. Variat. brill. (Thème de Meyerbeer.) Op. 46. (Leipzig, Peters.)
Kalkbrenner, Duo. Op. 49. (Wien, Spina.)
Kalkbrenner et Lafont, Gr. fantaisie brill. (Motifs favoris des Hugenots de Meyerbeer. Op. 133. (Leipzig, Breitkopf u. Härtel.)
Kalkbrenner et Panofka, Duo. (La Juive de F. Halevy.) Op. 164. (Ebend.)
Kalliwoda, Var. Concert. Op. 21. (Leipzig, Peters.)
Kreutzer, R., et **Bochsa**, 6 Nocturnes concert. (Offenbach, André.)
Kücken, 2 leichte und angenehme Sonatinen. Op. 12. Sonates. Op. 16. (Leipzig, Schuberth u. Co.)

— 109 —

Kuhlau, Gr. Sonate. Op. 33. (Bonn, Simrock.) 3 Sonates. Op. 79. (Copenhagen, Lose u. Delbanco.)
Leidesdorf, Gr. Sonate. Op. 48. (Wien, Witzendorf.) Sonate. Op. 63. (Leipzig, Breitkopf u. Härtel.) Sonate. Op. 74. (Wien, Haslinger.)
Mendelssohn-Bartholdy, Sonate. Op. 4. (Leipzig, Hofmeister.) Sonate. Op. 45. (Leipzig, Kistner.)
Moscheles, Französisches Rondo. Op. 48. (Wien, Haslinger.)
Moscheles, et Lafont, Gr. Potpourri. Op. 59. (Berlin, Schlesinger.)
Mozart, Sonates. Nr. 1—6. Cah. 4. 5 Sonates. Cah. 9. 5 Sonates et 2 Airs variées. Cah. 11. (Leipzig, Breitkopf u. Härtel.)
Onslow, 3 Sonates. Op. 11. 3 Sonates. Op. 16. (Wien, Haslinger.) 2me Duo. Op. 29. Duo. Op. 31. (Leipzig, Breitkopf u. Härtel.)
Pixis, J. P., Mélange. (Motifs de Mozart et Beethoven.) Op. 60. Gr. Sonate conc. Op. 62. (Wien, Spina.) Duo concert. Op. 67. Thème varié. Op. 105. (Bonn, Simrock.)
Reissiger, Sonate. Op. 45. Sonate. Op. 102. (Leipzig, Hofmeister.)
Ries, F., 2 Sonates. Op. 3. 2 gr. Sonates. Op. 8. Gr. Sonate. Op. 10. 3 Sonates. Op. 16. Sonate. Op. 18. 19. 20. 21. 83. 3 Sonatines doigtées. Op. 30. (Bonn, Simrock.)
Schmitt, A., Rondeau. Op. 19. (Leipzig, Hofmeister.) Sonate. Op. 27. (Leipzig, Peters.) Sonate. Op. 66. (Wien, Spina.)

Schubert, Fr., Sonatinen. Op. 132. Rondeau brill. Op. 70. (Wien, Spina.)
Spohr, Nachklänge einer Reise nach Dresden und in die sächsische Schweiz. Duett. Op. 96. (Bonn, Simrock.) 3me gr. Duo conc. Op. 112. (Dresden, Friedel.) Sonate concert. Op. 113. (Leipzig, Schuberth u. Co.) Sonate conc. Op. 114. Sonate. Op. 115. (Ebend.) Elegisch und humoristisch. 6 Duettinen. (Lieder ohne Worte.) (Ebend.)
Weber, C. M. de, 3 Sonates progressives. Op. 10. (Bonn, Simrock.)
Wolff, E., Op. 86. et Beriot. Op. 45. 6 Morceaux de Salon. (Mainz, Schott.)

Duetten für Pianoforte und Violoncell.

Beethoven, 2 gr. Sonates, Op. 5. Sonate. Op. 17. (Bonn, Simrock.) Gr. Sonate. Op. 59. (Wien, Artaria.) Gr. Sonate. Op. 69. (Leipzig, Breitkopf u. Härtel.) 2 Sonates. Op. 102. (Bonn, Simrock.) 12 Variat. sur le Thème: Ein Mädchen oder Weibchen Nr. 6. (Wien, Artaria.)
Chopin, Introduction et Polonaise brill. Op. 3. (Wien, Spina.)
Dotzauer, Duo conc. Op. 24. 2 Thèmes variées. Op. 55. (Leipzig, Breitkopf u. Härtel.) 3 Fantaisies sur des Thèmes de Maçon, de la donna del Lago, d'Oberon. Op. 106. (Leipzig, Hofmeister.) 3 Fantaisies sur des Thèmes de Sémiramide, de la fiancée et de la Muette de Portici. Op. 115. Leip-

zig, Peters.) 3 Duettos. (Adelaide de Beethoven. Ständchen von Schubert. Die Rose von Spohr.) (Leipzig, Schuberth u. Co.)
Gross, J. B., Sonate. Op. 7. Duo brill. (Motifs de l'Opera: Les Hugenots.) Op. 37. (Leipzig, Breitkopf u. Härtel.)
Jansa, Franz Schubert's Winterreiseg Op. 62. Nr. 1—10. Franz Schubert's Schwanenesang. Op. 63. Nr. 1—10. (Wien, Haslinger.)
Kücken, 2 Duos en forme de Sonates conc. Op. 13. (Hamburg, Niemeyer.) 2 Sonaten. Op. 16. (Leipzig, Schuberth u. Co.)
Kummer, F. A., Divertissement brill. (Thèmes favoris de l'Opera: Le Siège de Corinth. Op. 12. (Leipzig, Peters.) Amusement pour les Amateurs. Op. 18. (Leipzig, Breitkopf u. Härtel.) Duo facile. (Thèmes de l'Opera: Les Hugenots.) Op. 34. (Dresden • Friedel.) 3 Morceaux dramatiques. (Motifs de l'Opera: Le Brasseur de Preston.) Op. 50 (Ebend.)
Mendelssohn-Bartholdy, Variations conc. Op. 17. Wien, Spina.) Sonate. Op. 45. (Leipzig, Kistner.)
Onslow, 3 Sonates. Op. 16. (Wien, Haslinger.)
Reissiger, Sonate. Op. 45. (Leipzig, Hofmeister.) Sonate. Op. 147. (Leipzig, Breitkopf u. Härtel.)
Ries, Sonate. Op. 20. Sonate. Op. 21. (Bonn, Simrock.)
Schuberth, C., Transscriptions. Nr. 1. Kalkbrenner. Les Soupirs. 2 Nocturnes. Nr. 2. Fr. Schuberth. Ave Maria. Nr. 3. Ernst, Elegie avec Introd. de Spohr. (Leipzig, Schuberth u. Co.)

Beethoven, Adelaide transcrit. (Leipzig, Siegel.)
Paur, Sonate. Op. 46. (Ebend.)
Schmidt, A., Sonata concertant. (Ebend.)
Dancla, Souvenir de François Schubert. Duo brillant. Op. 45. (Leipzig, Hofmeister.)

Duetten für Pianoforte und Flöte.

Cramer, J. B., Gr. Sonate. Op. 69. (Leipz., Kistner.) Fantaisie. (Thèmes de Don Juan.) (Wien, Haslinger.) 2 Rondeaux. (Hamburg, Cranz.)

Czerny, Duo concert. Op. 129. (Wien, Spina,) 3 Rondeaux faciles et brill. Op. 374. (Bonn, Simrock.) Gr. Marche de Couronnement de S. M. Victoria. (Ebend.)

Drouët, Fantaisie. Op. 36. 2 Fantaisies très faciles. Op. 38. Fantaisie très facile Op. 39. (Leipzig, Breitkopf u. Härtel.)

Dussek, 3 Sonates. Op. 7. 6 Sonatines. Op. 19. 6 Sonatines. Op. 20. 3 Sonates. Op. 51. (Leipzig, Breitkopf u. Härtel.)

Fürstenau, Nocturne conc. Op. 68. Nr. 1. Nocturne conc. Op. 73. Nr. 2. (Wien, Artaria.) Les Eglantines. Trois Morceaux sur des Chansons de Reisiger et Fr. Schuberth. Op. 135. (Dresden, Meser.) Les Amis, Quatre Rondinos fac. et agréables sur des Thèmes favoris des Operas. Op. 121. (Berlin, Schlesinger.)

Haydn, Sonate. Op. 87. Sonate. Op. 94. (Leipzig, Peters.)

Hummel, Sonate. Op. 2. (Mannheim, Heckel.) Sonate. Op. 28. Sonate. Op. 50. Sonate. Op. 64. (Hamburg, Böhme.)

Kalkbrenner, Sonate. Op. 39. Duo. Op. 63. (Bonn, Simrock.) Nocturno. Op. 86. (Leipzig, Kistner.)

Kuhlau, Introduction et Var. concert. sur la Romance d'Euryanthe. (Unter blühenden Mandelbäumen.) Op. 63. (Leipzig, Hofmeister.) Sonate. Op. 64. 6 Divertissement. Op. 68. (Hamburg, Cranz.) Gr. Sonate. Op. 71. Sonates. Op. 83. (Bonn, Simrock.) 3 Duos. Op. 110. (Leipzig, Kistner.)

Moscheles, Sonate conc. Op. 44. (Wien, Artaria.) Divertissement à la Savoyarde. Op. 78. (Leipzig, Hofmeister.) Schottische Bardengesänge als Fantasie bearbeitet. (Op. 80.) (Leipzig, Kistner.)

Mozart, Sonates, Nr. 1—6. (Hamburg, Böhme.)

Pixis, J. P., Mélange sur différens Motifs de Mozart et Beethoven. Op 60. (Wien, Spina.) Introd. et-Rondeau. Op. 102. (Leipzig, Hofmeister.)

Ries, 11e Fantaisie. (Thèmes de l'Opera : Moses de Rossini. Op. 133. (Bonn, Simrock.)

Tulou, Fantaisie. Op. 23. Fantaisie. Op. 27. Fantaisie. Op. 29. (Bonn Simrock.) Nocturne. Op. 48. (Mainz, Schott.)

Weber, C. M. de, 3 Sonates progressives. Op. 10. (Bonn, Simrock.)

Trios für Pianoforte, Violine und Violoncell.

Beethoven, 3 Trios. Op. 1. 4. Trio Op. 11. (Bonn, Simrock.) Trio. Op. 70. Nr. 1. 2. (Wien, Artaria.) Trio. Op. 97. (Wien, Haslinger.)

Chopin, 1er Trio. Op. 8. (Leipzig, Kistner.)

Clementi, 8 Sonates. (Oeuv. compl. Cah. 7.) (Leipzig, Breitkopf u. Härtel.)

Czerny, 1er Trio. Op. 105. (Berlin, Schlesinger.) 2 Trios brill. Op. 211. 6 gr. Potpourris concert. Op. 212. (Wien, Spina.)

Dussek, 3 Sonates. Op. 21. 3 gr. Trios. Op. 29. (Bonn, Simrock,) Le Combat naval. Sonate caracteristique. (Avec grand Tambour ad lib.) (Offenbach, André.)

Fesca, Premier gr. Trio Op. 11. Second Trio. Op. 12. 3me Trio. Op. 23. (Braunschweig, Litolff.)

Haydn, Trios. Nr. 1—31. Partiturausgabe. (Leipzig, Breitkopf u. Härtel.)

Hummel, 1er Trio. Op. 12. 2e Trio. Op. 22. 3me Trio. Op. 35. (Wien, Haslinger.) Trio. Op. 65 (Bonn, Simrock.) Trio concert. Op. 83. (Leipzig, Peters.) Trio. Op. 96. (Ebend.)

Hünten, Fr., Trio concert. Op. 14. (Leipzig, Hofmeister. 2de Trio Op. 91. (Mainz, Schott.)

Kalkbrenner, Gr. Trio. Op. 7. 2me Trio. Op. 14. (Bonn, Simrock.) 3me Trio. Op. 26. 4me Trio. Op. 84. (Leipzig, Kistner.)

Kalliwoda, Gr. Trio. Op. 121. (Dresden, Friedel.)
Louis Ferdinand (Prince de Prusse), Trio. Op. 2. Trio. Op. 3. Trio. Op. 10. (Leipzig, Breitkopf u. Härtel.)
Mendelssohn, Gr. Trio. Op. 49. Gr. Trio. Op. 66. (Ebend.)
Mozart, Trios. Nr. 1—7. (Ebend.)
Onslow, 3 Trios. Op. 3 3 Trios. Op. 14. (Wien, Haslinger.) Trio. Op. 20. Trio. Op. 26. Trio. Op. 27. (Leipzig, Breitkopf u. Härtel.)
Reissiger, C. G., Trio. Op. 25. Trio. Op. 77. (Leipzig, Peters.) Trio. Op. 33. (Bonn, Simrock.) 3. Trio. Op. 40. (Leipzig, Hofmeister.) Trios. Op. 77. 85. 97. 103. 115. 125. 137. 150. 158. 167. (Leipzig, Peters.) 1er Trio facile et brillant. Op. 104. (Berlin, Schlesinger.)
Ries, F., Gr. Trio. Op. 2. Trio. Op. 28. Trio brill. et facile. Op. 63. (Bonn, Simrock.) Trio. Op. 143. (Mainz, Schott.)
Spohr, Trios concert. Op. 119. 123. 124. (Leipzig, Schuberth u. Co.)
Weber, C. M. de, Trio. Op. 63. (Berlin, Schlesinger.)
Jadassohn, Premier Trio. Op. 16. (Leipzig, Siegel.)
Reissiger, Trio, Op. 213. (Ebend.)
Marschner, 1er gr. Trio. Op. 29. (Leipzig, Kistner.)
—— Trio. Op. 111. Op. 121. (Leipzig, Hofmeister.)
Rubinstein, 2 Trios. Op. 15. (Ebend.)
—— 3ème Trio. Op. 52. (Leipzig, Senff.)
Schubert, Fr., Trio. Op. 100. (Leipzig, Kistner.)

Quartetten für das Pianoforte, Violine, Viola und Violoncell.

Beethoven, Gr. Quatuor. Op. 16. (Wien, Haslinger.) 3 Quatuors originaux. Oeuv. post. Nr. 1. 2. 3. (Wien, Artaria.)
Cramer, Quatuor. Op. 35. (Leipzig, Breitkopf u. Härtel.)
Czerny, Serenade. Op. 126. 1er gr. Quatuor. Op. 148. (Leipzig, Peters.) 2 Quatuors brill. Op. 224. (Wien, Spina.) 3 Quatuors brill. et non difficiles. Op. 163. (Leipzig, Hofmeister.)
Dussek, Quatuor. Op. 56. (Leipzig, Breitkopf u. Härtel.)
Danzi, Quatuor. Op. 40. (Ebend.)
Kalkbrenner, Quatuor. Op. 2. (Leipzig, Hofmeister.)
Louis Ferdinand (Prince de Prusse), Quatuors. Op. 5. 6. (Leipzig, Breitkopf u. Härtel.)
Mendelssohn-Bartholdy, 1er Quatuor. (Berlin, Schlesinger.) 2ème Quatuor. Op. 2. (Ebend.) 3ème Quatuor. Op. 3. (Leipzig, Hofmeister.)
Moscheles, Fantaisie, Variationen und Finale über das böhmische Volkslied: To gsau kone. Op. 46. (Wien, Haslinger.)
Mozart, Quatuors. 1—5. (Mainz, Schott.)
Ries, gr. Quatuor. Op. 13. Op. 129. (Leipz., Peters.) Quatuor. Op. 8. (Leipzig, Breitkopf u. Härtel.) Quatuor. Op. 16. (Bonn, Simrock.)
Kuhlau, Gr. Quatuor. Op. 108. (Leipzig, Peters.)

Gr. Quatuor. Op. 32. (Leipz., Breitkopf u. Härtel.)
Gr. Quatuor. Op. 50. (Bonn, Simrock.)
Reissiger, Gr. Quatuor. Op. 29. (Bonn, Simrock.)
Quatuor. Op 70. (Berlin, Schlesinger.) Gr. Quatuor. Op. 108. (Ebend.) Quatuor brill. Op. 141. (Leipzig, Peters.)
Taubert, 1er Quatuor. Op. 19. (Berlin, Schlesinger.)
Tomaschek, Quatuor. Op. 22. (Leipzig, Breitkopf u. Härtel.)
Weber, C. M. v., Gr. Quatuor in B. (Bonn, Simrock.)

Quintetten, Sextetten, Septetten und Octetten für das Pianoforte.

Beethoven, Gr. Quintett p. Pianof., Clarinett., Cor et Basson. Op. 16. (Wien, Haslinger.)
Bertini, Premier gr. Sextuor p. Pianof. 2 Viol., Alto, Violonc. et Contrabasso. Op. 79. Second Sextuor p. dito (für dieselben Instrumente). Op. 85. 3me Sextuor. p. do. Op. 90. 4ème Sextuor p. do. Op. 114. (Leipzig, Breitkopf u. Härtel.) 5me Sextuor p. do. Op. 124. (Mainz, Schott.)
Danzi, Quintetto p. Pianof., Hautbois, Clarinette, Cor et Basson. Op. 11. (Leipzig, Breitkopf u. Härtel.) Quintetto p. do. ou Pianof., Flauto, Viol., Alto und Violonc. Op. 53 in F. Op. 54 in D. (Offenbach, André.)
Fesca, A., Gr. Sextuor p. Pianof., Viol., Alto, Violonc. et Basso. Op. 8. (Leipzig, Hofmeister.)
1er gr. Septuor p. Pianof., Viol., Hautbois, Alto

Cor, Violonc. et Basso. Op. 26. (Braunschweig, Litolff.) 2ème Septuor p. do. Op. 28. (Ebend.)
Haydn, J., Kinder-Symphonie für Pianoforte und 7 Kinderinstrumente. (Leipzig, Hofmeister.) (Anmerk. Aehnliche Kindersinfonien sind auch noch von A. Romberg und Kelz erschienen.)
Himmel, Sestetto p. Pianof., 2 Altos, 2 Cors (ou 2 Clarin) et Violonc. Op. 18. (Leipzig, Peters.)
Hummel, Gr. Serenade p. Pianof. Viol. Guit. Clarinette (ou flûto) et Basson (ou Violonc.) Op. 68. Gr. Septuor p. Pianof., Flute, Hautbois, Cor, Alto, Violonc. et Basso. Op. 74. (Wien, Artaria.) Gr. Quintett p. Pianof., Viol., Alto, Violonc. et Basso. Op. 87. (Ebend.) Gr. Septett militaire p. Pianof., Flûte, Viol., Clarin., Tromba et Basso. (Wien, Haslinger.)
Kalkbrenner, Gr. Septuor p. Pianof., 2 Viol., 2 Cors, Alto et Basso. Op. 15. Sestetto p. Pianof., 2 Viol., Alto, Violonc. et Basso. Op. 58. (Bonn, Simrock.) Quintetto p. Pianof., Violon (ou Clarinette), Alto (ou Cor), Violonc. (ou Basson). Op. 81. (Leipzig, Breitkopf u. Härtel.) Gr. Septuor p. Pianof., Hautb., Clarin., Cor., Basson, Violonc. et Basso. Op. 132. (Ebend.) Gr. Sextuor p. Pianof., Viol., Violonc. Basso et 2 Cors. Op. 35. (Leipzig, Kistner.)
Louis Ferdinand (Prince de Prusse), Quintetto p. Pianof., 2 Viol., Alto et Violonc. Op. 1. Notturno p. Pianof., Flûte, Alto, Viol., Violonc. et 2 Cors. Op. 8. Ottetto p. Pianof., Clarin., 2 Cors, 2 Viol. et 2 Violonc. (Leipzig, Breitkopf u. Härtel.)

Moscheles, Gr. Septuor p. Pianof., Viol., Flûte, 2 Cors (ou Alto e 2d Violonc.) et Violonc. Op. 35. (Leipzig, Hofmeister.) Gr. Septuor p. Pianof., Viol., Alto, Clarin, Cor, Violonc. et Basso. (Les Parties de Clarin. et Cor peuv. se remplacer par celles d'un 2d Viol. et un 2d Alto.) Op. 88. (Leipzig, Kistner)

Mozart, Quintetto p. Pianoforte (o Armonica), Flauto, Oboe, Alto et Basso. Op. 20. (Bonn, Simrock.) Quintetto p. Pianof., Hautbois, Clarinette, Cor et Basson. Nr. 30. (Wien, Haslinger.)

Reissiger, Quintetto p. Pianof., 2 Viol., Alto et Violonc. (Leipzig, Peters.)

Ries, F., Gr. Septuor p. Pianof., Viol., Violonc., Clar., 2 Cors et Basso. Op. 25. (Bonn, Simrock.) Quintetto p. Pianof., Viol., Alto et Violonc. Op. 74. (Leipzig, Peters.) Grand Sextuor p. Pianof., 2 Viol., Alto, Violonc. et Basso. Op. 100. (Bonn, Simrock.) Gr. Ottetto p. Pianof., Viol., Alto, Clar., Cor, Basson, Violonc. et Basso. Op. 128. (Leipzig, Kistner.)

Schmitt, A., Gr. Sextuor p. Pianof., 2 Viol., Alto, Violonc. et Basso. Op. 4. (Leipzig Hofmeister.)

Schumann, R, Quintett für Pianoforte, 2 Viol., Alto und Violonc. Op. 44. (Leipz., Breitk. u. Härtel.)

Spohr, Gr. Quintuor p. Pianof., Flûte, Clarin., Corno et Basson. Op. 52. (Leipzig, Peters.)

Es liessen' sich den vorhergehenden Duetten, Trios, Quartetten u. s. w. noch weit mehr Werke beifügen, wenn wir nicht darauf Rücksicht nähmen, dass die Instrumente, welche dazu gesetzt sind, nicht nur das Pianoforte begleiten oder gar ad libitum wegbleiben können, sondern als obligat nicht wegbleiben dürfen. Auch sind die aufgezeichneten Werke Originalcompositionen, d. h. sie sind nicht anderen grössern Werken (wie Concerten und Sinfonien) entnommen. Nun bleibt von der Pianofortemusik weiter nichts übrig, als die Compositionen und Bearbeitungen für zwei Pianofortes, und für 2 Pianofortes zu 8 Händen. Werke für Pianoforte mit Orchesterbegleitung können durch zwei Pianofortes gut wieder gegeben werden, indem das zweite Pianofort die Orchesterpartie übernimmt. Auch ganze Orchesterwerke wie Ouverturen und Sinfonien können durch zwei Pianoforte mit 8 Händen ziemlich vollständig ausgeführt werden. Es sind derartige Werke von Beethoven, Clementi, Cramer, Czerny, Schubert, Mendelssohn-Bartholdy erschienen, ebenfalls existiren Arrangements von verschiedenen Ouverturen für 2 Pianoforte und auch zu 8 Händen, bei dem geringen Gebrauch, der für solche Werke vorhanden ist, ist die Literatur darin eine beschränkte und im Fall eines Bedarfs kann jeder Mnsikalienhändler darüber Auskunft geben.

Druck von Ackermann u. Glaser in Leipzig.